Macarons

Rezepte aus der berühmtesten Konditorei der Welt

Macarons

Rezepte: Maison Ladurée

Fotos: Antonin Bonnet

Foodstyling: Pascale de La Cochetière
Assistenz Foodstyling: Pauline Nobiron

Callwey

Eine kleine Geschichte der Macarons aus dem Hause Ladurée

Die Geschichte der Macarons aus dem Hause Ladurée beginnt Mitte des 20. Jahrhunderts mit Pierre Desfontaines, einem Großcousin von Louis Ernest Ladurée, der auf die fantastische Idee kam, jeweils zwei Macaronschalen miteinander zu verbinden und sie mit einer wohlschmeckenden Ganache zu füllen.

Das weiche, kleine, runde Törtchen, das von einer hauchdünnen glatten Kruste überzogen und innen zart schmelzend ist, wurde zum Symbol von Maison Ladurée.

Mit strikter Präzision dosieren die Ladurée-Konditoren Mandeln, Eier, Zucker und die nötige Prise ihres weltweit einzigartigen Knowhows, ohne das die anspruchsvolle Herstellung nicht gelänge.

Zu jeder neuen Saison erweist Ladurée seinen Minitörtchen besondere Ehre: Neue Aromen werden kreiert, die Farb- und Geschmackspaletten werden stetig erweitert.

So gelingt auch Ihnen die Herstellung der Ladurée-Macarons

In diesem Buch unternehmen Sie mit Ladurée eine ausgedehnte Feinschmeckerreise durch die Welt der hauseigenen Macarons und erhalten die Rezepte ausgewählter Sorten.

Mit jedem Rezept bekommen Sie eine ausführliche Anleitung zur Herstellung der Cremes, Ganaches, Konfitüren, Marmeladen oder Schaumzucker, die unsere Macarons so köstlich machen.

Am Ende des Buches (ab S. 288) finden Sie die Grundrezepte für die vier Biskuitteige, auf deren Basis Sie alle Macaronschalen für unsere Rezepte herstellen können.

Um Ihre Macarons auch optisch in Szene zu setzen, fügen Sie einfach ein oder zwei weitere Zutaten hinzu: etwa einige Tropfen Lebensmittelfarbe, Zucker, Gewürze, Schokoladenstreusel, Blattgold, -silber oder -kupfer.

Wir empfehlen, die frisch zubereiteten Macarons vor dem Verzehr mindestens zwölf Stunden im Kühlschrank aufzubewahren; so verbinden sich die einzelnen Geschmäcke und Konsistenzen in perfekter Ausgewogenheit.

Ladurée-Teesorten

····

Wir empfehlen, unsere Macarons vorzugsweise mit Tee zu genießen; einige der am besten passenden Sorten stammen ebenfalls aus dem Hause Ladurée:

Tee Jardin Bleu Royal: Teesorten aus China und Sri Lanka, Walderdbeer-, Rhabarber- und Kirscharomen, enthält Korn- und Ringelblumenblüten.

Tee Mélange Spécial Ladurée: Schwarzteesorten aus China und Sri Lanka, Zitrusfrüchte, Blumen, dezente Gewürze und Vanille.

Tee Othello: Schwarztee aus Indien mit der würzigen Note von Zimt, Kardamom, Pfeffer und Ingwer.

Tee Mathilde: eine Mischung aus grünem und schwarzem Tee aus China, Noten von Orangenblüten.

Tee Eugénie: schwarzer Tee aus China, rote Früchte.

Tee Mille et Une Nuits: grüner Tee aus China, süß und würzig zugleich, ausgewogene Noten von Rose, Orangenblüte, Ingwer und Minze.

Tee Chéri: schwarzer Tee aus China, mit Kakao-, Karamell-, Vanillearomen.

Tee Joséphine: schwarzer Tee aus China, mit Mandarinen-, Grapefruit-, Orangen- und Zitronenaromen, gekrönt von Jasminblüten.

Tee Roi-Soleil: grüner Tee mit dem kräftigen Aroma der Bergamotte, dazu Noten von Rhabarber und Karamell.

Tee Marie-Antoinette: Schwarzteesorten aus China und Indien, Rosenblüten, Zitrusfrüchte-, Honigaromen.

Inhalt

Eine kleine Geschichte der
Macarons aus dem Hause Ladurée
SEITE 4

KLASSISCH
SEITE 10

VOLL IM TREND
SEITE 44

EINFACH HINREISSEND
SEITE 66

FRUCHTIG-BLUMIG
SEITE 88

SOMMERLICH
SEITE 116

WINTERLICH
SEITE 144

FÜR PARTYS
SEITE 180

FÜR VERLIEBTE
SEITE 220

NICHTS GEHT ÜBER SCHOKOLADE!
SEITE 258

Grundrezepte
SEITE 288

Verzeichnis aller Macarons
SEITE 298

Adressenverzeichnis
SEITE 300

Danksagung
SEITE 303

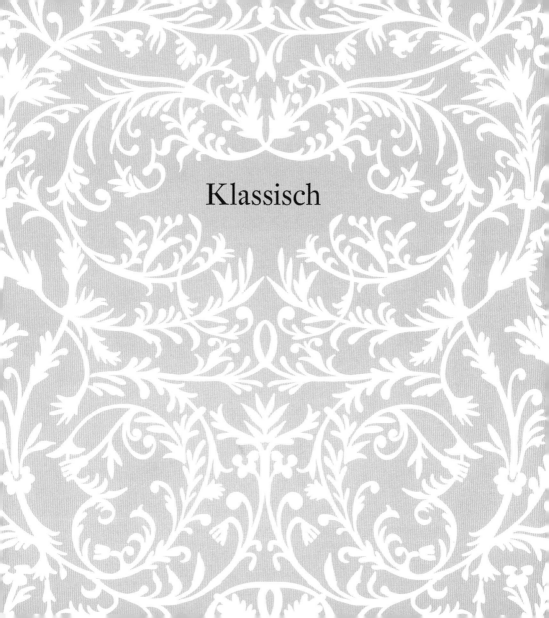

Klassisch

Klassisch

Schokolade

Kreation vor 1993

· · • · ·

Geschmacksrichtung
Schokoladenschale, zart schmelzende Schokoladenganache

· · • · ·

Dazu passt
heiße Schokolade

Schokoladen-
Macaron

Für ca. 50 Macarons

Zubereitung: 1 Std. 10 Min.
Kochen: 14 Min.
Ruhen: 1 Std. + mindestens 12 Std. kühlen

Schokoladenganache:
290 g Schokolade mit 70 % Kakaoanteil

270 g Sahne
60 g weiche Butter

Macaronschalen:
Grundrezept für Schokoladen-Macaron-schalen, S. 294

Außerdem:
kleiner Topf
Spritzbeutel mit 10-mm-Lochtülle

Klassisch

1 ••• Für die Ganache die Schokolade mit einem Messer fein hacken und in eine Schüssel geben. In einem kleinen Topf die Sahne aufkochen und in drei Portionen über die gehackte Schokolade gießen; dabei zwischen den einzelnen Zugaben mit einem Kochlöffel umrühren, sodass eine homogene Masse entsteht. Die Butter stückchenweise in die Ganache einrühren, bis die Masse eine glatte, cremige Konsistenz hat. Die fertige Ganache mit Frischhaltefolie luftdicht abdecken.

2 ••• Die Ganache bei Zimmertemperatur abkühlen lassen, dann für 1 Stunde in den Kühlschrank stellen, bis sie die Konsistenz einer festen Creme hat.

3 ••• Die Macaronschalen zubereiten (Rezept für Schokoladen-Macaronschalen, siehe S. 294).

4 ••• Die fertigen Schalen vom Backblech nehmen. Mit dem Spritzbeutel jeweils eine haselnussgroße Portion der Schokoladenganache auf die Hälfte der Schalen setzen, je eine weitere Schale auflegen und leicht andrücken.

Klassisch

Zitrone

Kreation 1994

·•·•·

Geschmacksrichtung
gelbe Zitronenschale, zart schmelzende Zitronencreme

·•·•·

Dazu passt
Earl-Grey-Tee

Zitronen-Macaron

Für ca. 50 Macarons

Zubereitung: 1 Std. 20 Min.
Kochen: 14 Min.
Ruhen: 12 Std. + mindestens 12 Std. kühlen

Zitronencreme:
160 g Zucker
abgeriebene Schale von 1 Bio-Zitrone
5 g Maizena®-Speisestärke
3 Eier
110 ml Zitronensaft
235 g weiche Butter

Macaronschalen:
Grundrezept für Mandel-Macaronschalen, S. 290
+ einige Tropfen gelbe Lebensmittelfarbe

Außerdem:
kleiner Topf
Zuckerthermometer
Handrührgerät
Spritzbeutel mit 10-mm-Lochtülle

Klassisch

1 ••• Den Zucker und die Zitronenschale in einer Schüssel miteinander vermischen. Die Speisestärke zugeben, nach und nach Eier und Zitronensaft einrühren. Die Mischung in einem Topf bei schwacher Hitze erwärmen, bis sie köchelt und dickflüssiger wird; dabei regelmäßig mit einem Kochlöffel umrühren.

2 ••• Die Creme vom Herd nehmen und ca. 10 Minuten abkühlen lassen; sie sollte noch heiß sein, aber nicht mehr kochen (60 °C). Dann die weiche Butter stückchenweise zugeben. In eine Schüssel füllen und mit dem Handrührgerät rühren, bis eine homogene Masse entstanden ist und die Butter sich ganz mit der Creme verbunden hat. Die fertige Creme luftdicht abdecken und für mindestens 12 Stunden kühl stellen, damit sie fest wird.

3 ••• Am nächsten Tag unter Zugabe der gelben Lebensmittelfarbe die Macaronschalen zubereiten (Grundrezept für Mandel-Macaronschalen, siehe S. 290).

4 ••• Die fertigen Schalen vom Backblech nehmen. Mit dem Spritzbeutel jeweils eine haselnussgroße Portion der Zitronencreme auf die Hälfte der Schalen setzen, je eine weitere Schale auflegen und leicht andrücken.

Klassisch

Rosenblüte

Kreation 1997

· · • · ·

Geschmacksrichtung
pastellrosa Schale, Rosenblattcreme

· · • · ·

Dazu passt
Tee Joséphine

Rosenblüten-Macaron

Für ca. 50 Macarons

Zubereitung: 1 Std. 20 Min.
Kochen: 14 Min.
Ruhen: mindestens 12 Std.

Rosencreme:
200 g Zucker
75 g Eigelb
250 g weiche Butter
15 ml Rosensirup
10 ml Rosenwasser

Macaronschalen:
Grundrezept für Mandel-Macaronschalen, S. 290
+ einige Tropfen rosafarbene Lebensmittelfarbe

Außerdem:
kleiner Topf
Standrührgerät
Zuckerthermometer
Spritzbeutel mit 10-mm-Lochtülle

Klassisch

1 ·· Die Macaronschalen unter Zugabe der rosafarbenen Lebensmittelfarbe herstellen (Grundrezept für Mandel-Macaronschalen, siehe S. 290).

2 ·· Für die Füllung in einem kleinen Topf den Zucker mit 50 ml Wasser verrühren und auf 120 °C erhitzen. Die Mischung zusammen mit dem Eigelb in die Schüssel des Standrührgeräts geben und mit dem Rührbesenaufsatz erst auf Stufe 3, dann auf Stufe 2 schaumig aufschlagen. Wenn die Masse auf ca. 40 °C abgekühlt ist, die weiche Butter stückchenweise zugeben und weiterrühren, bis eine glatte Masse entsteht. Rosensirup und -wasser hinzufügen.

3 ·· Die fertigen Schalen vom Backblech nehmen. Mit dem Spritzbeutel jeweils eine haselnussgroße Portion der Rosencreme auf die Hälfte der Schalen setzen, je eine weitere Schale auflegen und leicht andrücken.

Klassisch

Vanille

Kreation 1998

• • • •

Geschmacksrichtung
helle Vanilleschale, Bourbon-Vanillecreme

• • • •

Dazu passt
Vanille-Milchshake

Vanille-
Macaron

·•·

Für ca. 50 Macarons

Zubereitung: 1 Std. 30 Min.
Kochen: 14 Min.
Aromatisieren: über Nacht
Ruhen: 2 Std. + mindestens 12 Std. kühlen

Vanillecreme:
1 Vanilleschote
160 g + 45 g Sahne
15 g Maizena®-Speisestärke
100 g Zucker
100 g weiße Schokolade
110 g weiche Butter

Macaronschalen:
Grundrezept für Vanille-Macaronschalen, S. 292

Außerdem:
kleiner Topf
Schneebesen
Zuckerthermometer
Handrührgerät
Spritzbeutel mit 10-mm-Lochtülle

Klassisch

1 ••• Das Vanillemark aus der Schote herauskratzen und zusammen mit der Schote in 160 g Sahne über Nacht einlegen.

2 ••• Am nächsten Tag die restliche Sahne mit der Speisestärke in einer Schüssel verrühren. Die Vanilleschote aus der aromatisierten Sahne entfernen. Zucker und Vanillesahne in einem Topf zum Köcheln bringen. Die Mischung über die Speisestärke-Sahne geben, kräftig umrühren, zurück in den Topf geben und bei geringer Hitze auf den Herd stellen; die Mischung mit dem Schneebesen 30 Sekunden schlagen, dann in eine Schüssel füllen.

3 ••• Stückchenweise die weiße Schokolade zugeben und mit einem Teigschaber unter die Masse heben. Wenn die Mischung auf ca. 45 °C abgekühlt ist, die weiche Butter zugeben. Mit dem Handrührgerät rühren, bis eine homogene Masse entstanden ist. Die fertige Creme mit Frischhaltefolie luftdicht abdecken und für mindestens 2 Stunden kühl stellen.

4 ••• Die Macaronschalen zubereiten (Grundrezept für Vanille-Macaronschalen, siehe S. 292).

5 ••• Die fertigen Schalen vom Backblech nehmen. Mit dem Spritzbeutel jeweils eine haselnussgroße Portion der Vanillecreme auf die Hälfte der Schalen setzen, je eine weitere Schale auflegen und leicht andrücken.

Klassisch

Pistazie

Kreation 1994

••••

Geschmacksrichtung
grüne Pistazienschale, Pistaziencreme

••••

Dazu passt
Ceylon-Tee

Pistazien-Macaron

Für ca. 50 Macarons

Zubereitung: 1 Std. 20 Min.
Kochen: 14 Min.
Ruhen: mindestens 12 Std.

Pistaziencreme:
200 g Zucker
75 g Eigelb
250 g weiche Butter
30 g reines Pistazienmark

Macaronschalen:
Grundrezept für Pistazien-Macaronschalen, S. 296

Außerdem:
kleiner Topf
Standrührgerät
Zuckerthermometer
Spritzbeutel mit
10-mm-Lochtülle

Klassisch

1 ·· Die Macaronschalen zubereiten (Grundrezept für Pistazien-Macaronschalen, siehe S. 296).

2 ·· Für die Füllung in einem kleinen Topf den Zucker mit 50 ml Wasser verrühren und auf 120 °C erhitzen. Die Mischung zusammen mit dem Eigelb in die Schüssel des Standrührgeräts geben und mit dem Rührbesenaufsatz erst auf Stufe 3, dann auf Stufe 2 schaumig aufschlagen. Wenn die Masse auf ca. 40 °C abgekühlt ist, die Butter stückchenweise zugeben und weiterrühren, bis eine glatte Masse entsteht. Dann das Pistazienmark zugeben.

3 ·· Die fertigen Macaronschalen vom Backblech nehmen. Mit dem Spritzbeutel jeweils eine haselnussgroße Portion der Pistaziencreme auf die Hälfte der Schalen setzen, je eine weitere Schale auflegen und leicht andrücken.

Weitere Klassiker

Mandel-Macaron

KREATION VOR 1993
GESCHMACKSRICHTUNG: Mandelschale, helle Mandelcreme
DAZU PASST: heiße Schokolade

Kaffee-Macaron

KREATION VOR 1993
GESCHMACKSRICHTUNG: Kaffeeschale, Kaffeecreme
DAZU PASST: Cappuccino

Karamell-Macaron mit gesalzener Butter

KREATION 1999
GESCHMACKSRICHTUNG: helle Karamellschale, weiches Karamell mit gesalzener Butter
DAZU PASST: heiße Schokolade

Klassisch

Himbeer-Macaron

Kreation 1997
Geschmacksrichtung: rote Schale, Himbeerkonfitüre
Dazu passt: Tee Eugénie

Lakritz-Macaron

Kreation 2003
Geschmacksrichtung: schwarze Schale, Lakritzcreme
Dazu passt: Tee Othello

Kokosnuss-Macaron

Kreation 1995
Geschmacksrichtung: weiße Kokosschale, Kokosnusscreme
Dazu passt: Tee Mélange Ladurée

Voll im Trend

Voll im Trend

Rote Früchte

KREATION 2004
für Christian Lacroix

· · ● · ·

GESCHMACKSRICHTUNG
rote Schale, Konfitüre aus roten Früchten

· · ● · ·

DAZU PASST
Tee Mélange Ladurée

Rote-Früchte-Macaron

Für ca. 50 Macarons

Zubereitung: 1 Std. 15 Min.
Kochen: 14 Min.
Ruhen: mindestens 12 Std.

Konfitüre aus roten Früchten:
225 g Zucker
2 TL Apfelpektin
100 g frische Himbeeren
80 g frische Erdbeeren
80 g frische Brombeeren
50 g frische Sauerkirschen
50 g frische Rote Johannisbeeren
Saft von 1/2 Zitrone

Macaronschalen:
Grundrezept für Mandel-Macaronschalen, S. 290
+ einige Tropfen rote Lebensmittelfarbe

Außerdem:
Topf
Pürierstab
Spritzbeutel mit 10-mm-Lochtülle

Voll im Trend

1··· Für die Konfitüre Zucker und Apfelpektin in einer großen Schüssel vermischen. Die Früchte in einen Topf geben und mit dem Pürierstab zerkleinern. Das Fruchtmus erwärmen, anschließend die Zucker-Apfelpektin-Mischung und den Zitronensaft hinzufügen. Bei mittlerer Hitze aufkochen und 2 Minuten köcheln lassen.

2··· Die Konfitüre in eine Schüssel füllen und mit Frischhaltefolie abdecken. Abkühlen lassen und in den Kühlschrank stellen.

3··· Die Macaronschalen unter Zugabe der roten Lebensmittelfarbe zubereiten (Grundrezept für Mandel-Macaronschalen, siehe S. 290).

4··· Die fertigen Schalen vom Backblech nehmen. Mit dem Spritzbeutel jeweils eine haselnussgroße Portion der Konfitüre auf die Hälfte der Schalen setzen, je eine weitere Schale auflegen und leicht andrücken.

Voll im Trend

Feige-Dattel

Kreation 2009
für Christian Louboutin

••••

Geschmacksrichtung
schwarze und rote Schale, Feigen-Dattel-Konfitüre

••••

Dazu passt
Portwein

Feige-Dattel-Macaron

Für ca. 50 Macarons

Zubereitung: 1 Std. 15 Min.
Kochen: 14 Min.
Ruhen: 12 Std. +
mindestens 12 Std. kühlen

Feigen-Dattel-Konfitüre:
225 g Zucker
3 TL Apfelpektin
375 g frische Feigen
Saft von 1/2 Zitrone
90 g getrocknete Datteln

Macaronschalen:
Grundrezept für Mandel-Macaronschalen, S. 290
+ je einige Tropfen rote und auberginefarbene Lebensmittelfarbe

Außerdem:
Topf
Pürierstab
Spritzbeutel mit 10-mm-Lochtülle

Voll im Trend

1 ••· Für die Konfitüre Zucker und Apfelpektin in einer Schüssel vermischen. Die Feigen in einen Topf geben und mit dem Pürierstab zerkleinern. Das Fruchtmus erwärmen, anschließend die Zucker-Apfelpektin-Mischung und den Zitronensaft hinzufügen. Bei mittlerer Hitze zum Kochen bringen und ca. 2 Minuten köcheln lassen.

2 ••· Die Konfitüre in eine Schüssel füllen und mit Frischhaltefolie abdecken. Abkühlen lassen und über Nacht in den Kühlschrank stellen.

3 ••· Am nächsten Tag die Macaronschalen zubereiten (Grundrezept für Mandel-Macaronschalen, siehe S. 290). Die Hälfte der Schalen mit der roten, die andere Hälfte mit der auberginefarbenen Lebensmittelfarbe einfärben.

4 ••· Die Datteln in ca. 0,5 cm große Würfel schneiden und vorsichtig unter die Feigenkonfitüre mischen.

5 ••· Die fertigen Macaronschalen vom Backblech nehmen. Mit dem Spritzbeutel jeweils eine haselnussgroße Portion der Konfitüre auf die Hälfte der Schalen setzen, je eine weitere Schale auflegen und leicht andrücken.

Voll im Trend

Bubble Gum

Kreation 2012
für Alber Elbaz, Lanvin

• • • •

Geschmacksrichtung
orange-, aubergine- oder rosafarbene Schale, zarter Bubble-Gum-Schaumzucker

• • • •

Dazu passt
Tee Eugénie

Bubble-Gum-Macaron

·•●•·

Für ca. 50 Macarons

Zubereitung: 1 Std. 20 Min.
Kochen: 14 Min.
Ruhen: mindestens 12 Std.

Schaumzucker:
5 Blatt Gelatine
120 g Zucker
90 g Invertzucker
15 ml Bubble-Gum-Aroma

Macaronschalen:
Grundrezept für Mandel-Macaronschalen, S. 290
+ einige Tropfen rosa-, aubergine- oder orangefarbene Lebensmittelfarbe

Außerdem:
kleiner Topf
Zuckerthermometer
Standrührgerät
Spritzbeutel mit 10-mm-Lochtülle

Voll im Trend

1··· Die Macaronschalen zubereiten (Grundrezept für Mandel-Macaronschalen, siehe S. 290) und mit der oder den gewünschten Lebensmittelfarbe(n) einfärben.

2··· Die Gelatineblätter ca. 10 Minuten in kaltem Wasser einweichen, dann ausdrücken.

3··· Zucker und 40 g Invertzucker in einem kleinen Topf in 40 ml Wasser einrühren und auf 110 °C erhitzen. Die ausgedrückten Gelatineblätter mit dem restlichen Invertzucker in die Schüssel des Standrührgeräts geben. Nach und nach den gekochten Zuckersirup zur Gelatine-Invertzucker-Mischung gießen und mit dem Rührbesenaufsatz auf Stufe 2 unterrühren. Alles ca. 10 Minuten abkühlen lassen, dabei weiterhin auf Stufe 2 rühren. Wenn die Mischung auf ca. 40 °C abgekühlt ist, das Bubble-Gum-Aroma zugeben.

4··· Die fertigen Macaronschalen vom Backblech nehmen. Mit dem Spritzbeutel eine haselnussgroße Portion des Schaumzuckers auf die Hälfte der Schalen setzen, je eine weitere Schale auflegen und leicht andrücken.

Weitere Trendsetter

Rose-Ingwer-Macaron
Kreation 2010 für John Galliano
Geschmacksrichtung: pastellrosa Schale, zarte Rosen-Ingwer-Creme
Dazu passt: Eistee Joséphine

Kirsch-Macaron
Kreation 2010 für Yazbukey
Geschmacksrichtung: kirschrote Schale, Kirschkonfitüre
Dazu passt: Champagner brut Prestige Ladurée

Kirschblüten-Macaron
Kreation 2012 für Tsumori Chisato
Geschmacksrichtung: pastellrosa Schale, zart schmelzende Kirschblütencreme
Dazu passt: grüner Jasmintee

Voll im Trend

Sahne-Ingwer-Macaron
Kreation 2013 für Will Cotton
Geschmacksrichtung: elfenbeinfarbene Schale,
Sahne-Ingwer-Creme
Dazu passt: Ceylon-Tee

Himbeer-Zitrone-Macaron
Kreation 2014 für Nina Ricci
Geschmacksrichtung: fuchsiafarbene und goldene Schale,
Himbeer-Rosen-Zitronen-Creme
Dazu passt: Champagner Rosé Ladurée

Indische-Rose-Macaron
Kreation 2003 für Iunx
Geschmacksrichtung: rosa Schale,
Madras-Rosenblätter-Creme
Dazu passt: Tee Marie-Antoinette

Einfach hinreißend

Einfach hinreissend

Grüner Apfel

KREATION 2010
für den Film *Alice im Wunderland* von Tim Burton

· • • • ·

GESCHMACKSRICHTUNG
Grüner-Apfel-Schale, Granny-Smith-Apfelcreme

· • • • ·

DAZU PASST
Tee Mélange Ladurée

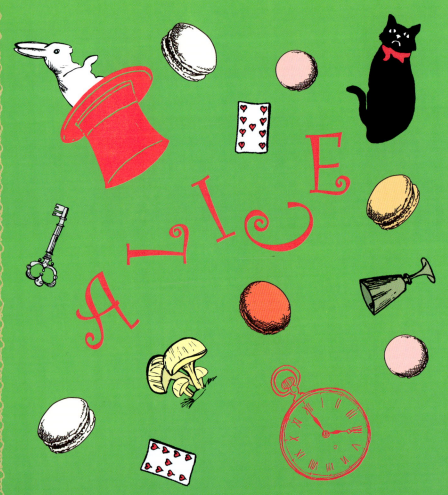

Grüner-Apfel- Macaron

Für ca. 50 Macarons

Zubereitung: 1 Std. 30 Min.
Kochen: 14 Min.
Ruhen: 2 Std. + mindestens 12 Std. kühlen

Apfelcreme:
210 ml grüner Apfelsaft
15 g Maizena®-Speisestärke
100 g Zucker
100 g weiße Schokolade
110 g weiche Butter
30 ml Limettensaft

Macaronschalen:
Grundrezept für Mandel-Macaronschalen, S. 290
+ einige Tropfen grüne Lebensmittelfarbe

Außerdem:
kleiner Topf
Schneebesen
Zuckerthermometer
Handrührgerät
Spritzbeutel mit 10-mm-Lochtülle

Einfach hinreissend

1... Für die Füllung 45 ml Apfelsaft mit der Speisestärke in einer Schüssel verrühren. Den Zucker und den restlichen Apfelsaft in einem Topf aufkochen. Über die Speisestärke-Apfelsaft-Mischung gießen, kräftig verrühren, alles wieder in den Topf geben und bei geringer Hitze erwärmen; die Mischung mit einem Schneebesen 30 Sekunden schlagen, dann in eine Schüssel füllen.

2... Die weiße Schokolade stückchenweise zugeben, dabei vorsichtig mit einem Teigschaber unterheben. Wenn die Mischung auf ca. 45 °C abgekühlt ist, die weiche Butter und den Limettensaft hinzufügen. Alles mit dem Handrührgerät rühren, bis eine homogene Masse entstanden ist. Die fertige Creme mit Frischhaltefolie luftdicht abdecken und für mindestens 2 Stunden in den Kühlschrank stellen.

3... Die Macaronschalen unter Zugabe der grünen Lebensmittelfarbe zubereiten (Grundrezept für Mandel-Macaronschalen, siehe S. 290).

4... Die fertigen Schalen vom Backblech nehmen. Mit dem Spritzbeutel jeweils eine haselnussgroße Portion der Apfelcreme auf die Hälfte der Schalen setzen, je eine weitere Schale auflegen und leicht andrücken.

Einfach hinreissend

Erdbeer-Bonbon-Spezial

Kreation 2012

Geschmacksrichtung
rosa Schale mit Zuckerkristallen, zarter Erdbeer-Schaumzucker

Dazu passt
Tee Eugénie

Erdbeerbonbon-
Macaron

Für ca. 50 Macarons

Zubereitung: 1 Std. 20 Min.
Kochen: 14 Min.
Ruhen: mindestens 12 Std.

Schaumzucker:
5 Blatt Gelatine
120 g Zucker
90 g Invertzucker

10 ml Erdbeerbonbon-
Aroma

Macaronschalen:
Grundrezept für Mandel-
Macaronschalen, S. 290
+ einige Tropfen rote
Lebensmittelfarbe
+ Zucker zum Bestreuen

Außerdem:
kleiner Topf
Standrührgerät
Zuckerthermometer
Spritzbeutel mit
10-mm-Lochtülle

Einfach hinreissend

1··· Die Macaronschalen unter Zugabe der roten Lebensmittelfarbe zubereiten (Grundrezept für Mandel-Macaronschalen, siehe S. 290). Die Hälfte der Schalen vor dem Backen mit Zucker bestreuen.

2··· Die Gelatineblätter ca. 10 Minuten in kaltem Wasser einweichen, dann ausdrücken.

3··· Zucker in einem kleinen Topf in 40 ml Wasser einrühren und auf 110 °C erhitzen. Die ausgedrückten Gelatineblätter mit dem Invertzucker in die Schüssel des Standrührgeräts geben. Nach und nach den gekochten Zuckersirup zur Gelatine-Invertzucker-Mischung gießen und alles mit dem Rührbesenaufsatz auf Stufe 2 rühren. 10 Minuten abkühlen lassen, dabei weiterhin auf Stufe 2 rühren. Wenn die Mischung auf ca. 40 °C abgekühlt ist, das Erbeerbonbon-Aroma zugeben.

4··· Die fertigen Macaronschalen vom Backblech nehmen. Mit dem Spritzbeutel jeweils eine haselnussgroße Portion des Schaumzuckers auf die Hälfte der Schalen setzen, je eine weitere Schale auflegen und leicht andrücken.

Einfach hinreissend

Zitrone-Limette-Spezial

Kreation 2012

· • • • ·

Geschmacksrichtung
grüne Schale, zart schmelzender Zitronen-Limetten-Schaumzucker

· • • • ·

Dazu passt
Tee Mathilde

Zitrone-Limette-Spezial-Macaron

Für ca. 50 Macarons

Zubereitung: 1 Std. 20 Min.
Kochen: 14 Min.
Ruhen: mindestens 12 Std.

Schaumzucker:
5 Blatt Gelatine
120 g Zucker
90 g Invertzucker
abgeriebene Schale
von 4 Bio-Limetten
Saft von 1 Zitrone

Macaronschalen:
Grundrezept für Mandel-Macaronschalen, S. 290
+ einige Tropfen grüne Lebensmittelfarbe

Außerdem:
kleiner Topf
Standrührgerät
Zuckerthermometer
Spritzbeutel mit
10-mm-Lochtülle

Einfach hinreissend

1... Die Macaronschalen unter Zugabe der grünen Lebensmittelfarbe zubereiten (Grundrezept für Mandel-Macaronschalen, siehe S. 290).

2... Die Gelatineblätter ca. 10 Minuten in kaltem Wasser einweichen, dann ausdrücken.

3... Zucker in einen kleinen Topf mit 40 ml Wasser rühren und auf 110 °C erhitzen. Die ausgedrückten Gelatineblätter mit dem Invertzucker in die Schüssel des Standrührgeräts geben. Nach und nach den gekochten Zuckersirup zu der Gelatine-Invertzucker-Mischung geben und mit dem Rührbesenaufsatz auf Stufe 2 einrühren. 10 Minuten abkühlen lassen, dabei weiterhin auf Stufe 2 rühren. Wenn die Mischung auf ca. 40 °C abgekühlt ist, die abgeriebene Limettenschale unterrühren; danach den Zitronensaft vorsichtig unter den Schaumzucker rühren.

4... Die fertigen Macaronschalen vom Backblech nehmen. Mit dem Spritzbeutel eine haselnussgroße Portion des Schaumzuckers auf die Hälfte der Schalen setzen, je eine weitere Schale auflegen und leicht andrücken.

Weitere Spezial-Macarons

Mandel-Spezial-Macaron

KREATION 2012
GESCHMACKSRICHTUNG: grüne Schale, Mandelschaumzucker
DAZU PASST: Amaretto

Veilchen-Spezial-Macaron

KREATION 2012
GESCHMACKSRICHTUNG: violette Schale, zarter Veilchenschaumzucker
DAZU PASST: Oolong-Tee mit Veilchenaroma

Haselnuss-Spezial-Macaron

KREATION 2012
GESCHMACKSRICHTUNG: Nugatschale, zarter Schaumzucker aus Piemonteser Haselnüssen
DAZU PASST: Kaffee

Einfach hinreissend

Schokolade-Kokosnuss-Spezial-Macaron
KREATION 2013
GESCHMACKSRICHTUNG: Schokoladenschale, zarter Kokosschaumzucker
DAZU PASST: Eisschokolade

Ananas-Macaron
KREATION 2014
GESCHMACKSRICHTUNG: pastellgelbe Schale, Ananaskonfitüre
DAZU PASST: Tee Roi-Soleil

Fruchtig-blumig

Fruchtig-blumig

Rose-Grapefruit

Kreation 2009

· · • · ·

Geschmacksrichtung
pastellrosa Schale, Grapefruitcreme mit Rosennote

· · • · ·

Dazu passt
Tee Mathilde

Rose-Grapefruit-Macaron

Für ca. 50 Macarons

Zubereitung: 1 Std. 20 Min.
Kochen: 14 Min.
Ruhen: mindestens 12 Std.

Rosen-Grapefruit-Creme:
200 g Zucker
75 g Eigelb
250 g weiche Butter
12 ml Rosensirup
7 ml Rosenwasser
abgeriebene Schale von
2 Bio-Grapefruit

Macaronschalen:
Grundrezept für Mandel-Macaronschalen, S. 290
+ einige Tropfen rosa-farbene Lebensmittelfarbe

Außerdem:
kleiner Topf
Zuckerthermometer
Standrührgerät
Spritzbeutel mit
10-mm-Lochtülle

FRUCHTIG-BLUMIG

1 ·•· Die Macaronschalen unter Zugabe der rosafarbenen Lebensmittelfarbe zubereiten (Grundrezept für Mandel-Macaronschalen, siehe S. 290).

2 ·•· Für die Füllung in einem kleinen Topf den Zucker mit 50 ml Wasser verrühren und auf 120 °C erhitzen. Die Mischung zusammen mit dem Eigelb in die Schüssel des Standrührgeräts geben und mit dem Rührbesenaufsatz erst auf Stufe 3, dann auf Stufe 2 schaumig aufschlagen.

3 ·•· Wenn die Masse auf ca. 40 °C abgekühlt ist, die Butter stückchenweise zugeben und weiterrühren, bis eine glatte Masse entsteht. Dann Rosensirup und -wasser sowie die abgeriebene Schale der Grapefruits hinzufügen.

4 ·•· Die fertigen Macaronschalen vom Backblech nehmen. Mit dem Spritzbeutel jeweils eine haselnussgroße Portion der Rosen-Grapefruit-Creme auf die Hälfte der Schalen setzen, je eine weitere Schale auflegen und leicht andrücken.

Fruchtig-blumig

Bergamotte

Kreation 2009

· · ● · ·

Geschmacksrichtung
gelbgrüne Schale, zarte Bergamottecreme

· · ● · ·

Dazu passt
Earl-Grey-Tee

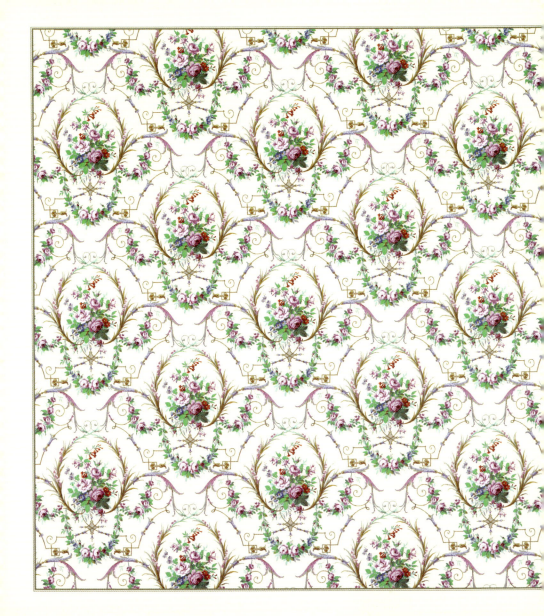

Bergamotte-Macaron

Für ca. 50 Macarons

Zubereitung: 1 Std. 30 Min.
Kochen: 14 Min.
Ruhen: 2 Std. + mindestens 12 Std. kühlen

Bergamottecreme:
45 g Sahne
15 g Maizena®-Speisestärke
100 g Zucker
180 ml Bergamottesaft
100 g weiße Schokolade
110 g weiche Butter

Macaronschalen:
Grundrezept für Mandel-Macaronschalen, S. 290
+ je einige Tropfen grüne und gelbe Lebensmittelfarbe

Außerdem:
kleiner Topf – Handrührgerät – Schneebesen Zuckerthermometer
Spritzbeutel mit 10-mm-Lochtülle

FRUCHTIG-BLUMIG

1 ••• Für die Füllung die Sahne mit der Speisestärke in einer Schüssel verrühren. Zucker und 160 ml Bergamottesaft in einem Topf zum Köcheln bringen. Die Mischung über die Speisestärke-Sahne geben, kräftig verrühren und alles wieder bei geringer Hitze auf den Herd stellen; die Mischung mit dem Schneebesen 30 Sekunden schlagen, dann in eine Schüssel füllen.

2 ••• Die weiße Schokolade stückchenweise zugeben und vorsichtig mit einem Teigschaber unter die Masse heben. Wenn die Mischung auf ca. 45 °C abgekühlt ist, zuerst die weiche Butter, dann den Rest des Bergamottesafts zugeben. Alles mit dem Handrührgerät rühren, bis eine homogene Masse entstanden ist. Mit Frischhaltefolie luftdicht abdecken und für mindestens 2 Stunden in den Kühlschrank stellen.

3 ••• Die Macaronschalen zubereiten (Grundrezept für Mandel-Macaronschalen, siehe S. 290). Zum Färben entweder die beiden Lebensmittelfarben mischen oder jeweils die Hälfte der Schalen in einer der Farben einfärben.

4 ••• Die fertigen Schalen vom Backblech nehmen. Mit dem Spritzbeutel jeweils eine haselnussgroße Portion der Bergamottecreme auf die Hälfte der Schalen setzen, je eine weitere Schale auflegen und leicht andrücken.

Fruchtig-blumig

Orangenblüte

KREATION 2005
für Fragonard

· · ● · ·

GESCHMACKSRICHTUNG
weiße Schale, Orangenblütencreme

· · ● · ·

DAZU PASST
Tee Mathilde

Orangenblüten-Macaron

・・・・

Für ca. 50 Macarons

Zubereitung: 1 Std. 30 Min.
Kochen: 14 Min.
Ruhen: 2 Std. + mindestens 12 Std. kühlen

Orangenblütencreme:
60 ml Orangenblütenwasser
15 g Maizena®-Speisestärke
100 g Zucker
160 g Sahne
100 g weiße Schokolade
110 g weiche Butter
1 Tropfen grüne Lebensmittelfarbe

Macaronschalen:
Grundrezept für Mandel-Macaronschalen, S. 290

Außerdem:
kleiner Topf
Schneebesen
Zuckerthermometer
Handrührgerät
Spritzbeutel mit 10-mm-Lochtülle

FRUCHTIG-BLUMIG

1 ••• Für die Füllung 45 ml Orangenblütenwasser mit der Speisestärke in einer Schüssel verrühren. Zucker und Sahne in einem Topf aufkochen. Über die Speisestärke-Orangenblüten-Mischung geben, kräftig verrühren und alles wieder bei geringer Hitze auf den Herd stellen; die Mischung mit dem Schneebesen 30 Sekunden schlagen, dann in eine Schüssel füllen.

2 ••• Die weiße Schokolade stückchenweise zugeben und vorsichtig mit einem Teigschaber unter die Masse heben. Wenn die Mischung auf ca. 45 °C abgekühlt ist, die weiche Butter, das restliche Orangenblütenwasser und die grüne Lebensmittelfarbe zugeben. Alles mit dem Handrührgerät rühren, bis eine homogene Masse entstanden ist. Mit Frischhaltefolie luftdicht abdecken und für mindestens 2 Stunden in den Kühlschrank stellen.

3 ••• Die Macaronschalen zubereiten (Grundrezept für Mandel-Macaronschalen, S. 290).

4 ••• Die fertigen Schalen vom Backblech nehmen. Mit dem Spritzbeutel jeweils eine haselnussgroße Portion der Orangenblütencreme auf die Hälfte der Schalen setzen, je eine weitere Schale auflegen und leicht andrücken.

Fruchtig-blumig

Mimose

Kreation 2010

· • • • ·

Geschmacksrichtung
gelbe bestäubte Schale, Creme mit Mimosenaroma

· • • • ·

Dazu passt
Champagner brut Prestige Ladurée

Mimosen-
Macaron

Für ca. 50 Macarons

Zubereitung: 1 Std. 30 Min.
Kochen: 14 Min.
Ruhen: 2 Std. + mindestens 12 Std. kühlen

Mimosencreme:
160 g + 45 g Sahne
15 g Maizena®-Speisestärke
75 g Mimosenhonig
100 g weiße Schokolade
110 g weiche Butter
7 ml natürliches Mimosenaroma

Macaronschalen:
Grundrezept für Mandel-Macaronschalen, S. 290

+ einige Tropfen gelbe Lebensmittelfarbe

Außerdem:
kleiner Topf – Handrührgerät – Schneebesen
Zuckerthermometer
Spritzbeutel mit 10-mm-Lochtülle

Fruchtig-blumig

1 ••· Für die Füllung 45 g Sahne mit der Speisestärke in einer Schüssel verrühren. Den Honig und die restliche Sahne in einem Topf aufkochen. Die Honigsahne über die Speisestärke-Sahne-Mischung geben, kräftig verrühren und bei geringer Hitze wieder auf den Herd stellen; die Mischung mit dem Schneebesen 30 Sekunden schlagen, dann in eine Schüssel füllen.

2 ••· Die weiße Schokolade stückchenweise zugeben und vorsichtig mit einem Teigschaber unter die Masse heben. Wenn die Mischung auf ca. 45 °C abgekühlt ist, die weiche Butter und das natürliche Mimosenaroma zugeben. Alles mit dem Handrührgerät rühren, bis eine homogene Masse entstanden ist. Mit Frischhaltefolie luftdicht abdecken und für mindestens 2 Stunden in den Kühlschrank stellen.

3 ••· Die Macaronschalen unter Zugabe der gelben Lebensmittelfarbe zubereiten (Grundrezept für Mandel-Macaronschalen, siehe S. 290).

4 ••· Die fertigen Schalen vom Backblech nehmen. Mit dem Spritzbeutel jeweils eine haselnussgroße Portion der Mimosencreme auf die Hälfte der Schalen setzen, je eine weitere Schale auflegen und leicht andrücken.

Weitere blumig-fruchtige Macarons

Maiglöckchen-Macaron
KREATION 2004
GESCHMACKSRICHTUNG: hellgrüne Schale, Creme mit Maiglöckchenaroma
DAZU PASST: Eistee Mélange Ladurée

Veilchen-Macaron
KREATION 2005 für *Angel Innocent Secret* von Thierry Mugler
GESCHMACKSRICHTUNG: violette Schale, zarte, kristallisierte Veilchencreme
DAZU PASST: Oolong-Tee mit Veilchenaroma

Feigen-Macaron
KREATION 2009
GESCHMACKSRICHTUNG: feigenrote Schale, Feigenkonfitüre
DAZU PASST: Oolong-Tee mit Veilchenaroma

Fruchtig-blumig

Zedrat-Zitronen-Macaron
Kreation 2008
Geschmacksrichtung: grüne Schale, Creme aus frischen und kandierten Zedrat-Zitronen
Dazu passt: Café blanc mit Zitrusfrüchten aromatisiert

Cassis-Veilchen-Macaron
Kreation 2000
Geschmacksrichtung: violette Schale, Cassiskonfitüre mit Veilchenaroma
Dazu passt: Tee Jardin Bleu Royal

Mango-Jasmin-Macaron
Kreation 2008
Geschmacksrichtung: gelborange Schale, zarte Mangocreme mit Jasminaroma
Dazu passt: Tee Joséphine

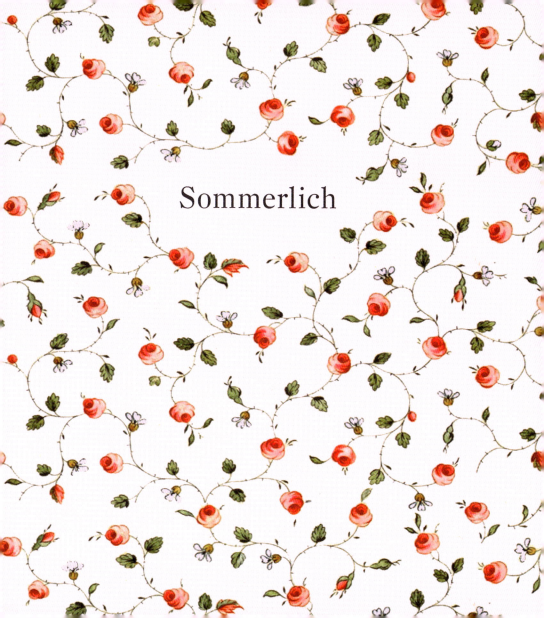
Sommerlich

Sommerlich

Zitrone-Thymian

Kreation 2011

· · • · ·

Geschmacksrichtung
gelbe Schale, Zitronen-Thymian-Creme

· · • · ·

Dazu passt
Earl-Grey-Tee

Zitrone-Thymian-Macaron

· • • ·

Für ca. 50 Macarons

Zubereitung: 30 Min.
Kochen: 14 Min.
Ruhen: 12 Std. +
mindestens 12 Std. kühlen

Zitronen-Thymian-Creme:
3 Zweige Thymian
160 g Zucker
abgeriebene Schale
von 1 Bio-Zitrone
5 g Maizena®-Speisestärke
3 Eier
110 ml Zitronensaft
235 g weiche Butter

Macaronschalen:
Grundrezept für Mandel-Macaronschalen, S. 290

+ einige Tropfen zitronen-gelbe Lebensmittelfarbe

Außerdem:
Topf
Standrührgerät
Zuckerthermometer
Spritzbeutel mit
10-mm-Lochtülle

Sommerlich

1··· Thymian waschen, trocken schütteln, Blättchen grob hacken. Den Zucker, die Thymianblätter und die abgeriebene Zitronenschale in einer Schüssel vermischen. Die Speisestärke zugeben, nach und nach Eier und Zitronensaft unterrühren. Die Mischung in einem Topf bei schwacher Hitze erwärmen, bis sie köchelt und dickflüssiger wird; dabei regelmäßig mit einem Kochlöffel umrühren.

2··· Die Creme vom Herd nehmen und durch ein Sieb streichen. 10 Minuten abkühlen lassen; die Creme sollte noch heiß sein, aber nicht mehr kochen (60°C). Die weiche Butter zugeben. In die Schüssel des Standrührgeräts füllen und rühren, bis eine homogene Masse entstanden ist und die Butter sich ganz mit der Creme verbunden hat. Luftdicht abdecken und für mindestens 12 Stunden kühl stellen, damit die Creme fest wird.

3··· Am nächsten Tag unter Zugabe der zitronengelben Lebensmittelfarbe die Macaronschalen zubereiten (Grundrezept für Mandel-Macaronschalen, siehe S. 290).

4··· Die fertigen Schalen vom Backblech nehmen. Mit dem Spritzbeutel eine haselnussgroße Portion der Zitronen-Thymian-Creme auf die Hälfte der Schalen setzen, je eine weitere Schale auflegen und leicht andrücken.

Sommerlich

Erdbeer-Minze

Kreation 2011

Geschmacksrichtung
erdbeerrote Schale, Erdbeer-Pfefferminz-Konfitüre

Dazu passt
Tee Eugénie

Erdbeer-Minze-Macaron

••••

Für ca. 50 Macarons

Zubereitung: 1 Std. 15 Min.
Kochen: 14 Min.
Ruhen: mindestens 12 Std.

Erdbeer-Minze-Konfitüre:
225 g Zucker
2 TL Apfelpektin
375 g frische Erdbeeren
Saft von 1/2 Zitrone
15 frische Minzeblättchen

Macaronschalen:
Grundrezept für Mandel-Macaronschalen, S. 290
+ einige Tropfen erdbeer-rote Lebensmittelfarbe

Außerdem:
Topf
Pürierstab
Spritzbeutel mit 10-mm-Lochtülle

Sommerlich

1 ••• Die Macaronschalen unter Zugabe der erdbeerroten Lebensmittelfarbe zubereiten (Grundrezept für Mandel-Macaronschalen, siehe S. 290).

2 ••• Für die Konfitüre Zucker und Apfelpektin in einer Schüssel vermischen. Die Erdbeeren in einen Topf geben und mit dem Pürierstab zerkleinern. Das Fruchtmus erwärmen, anschließend die Zucker-Apfelpektin-Mischung und den Zitronensaft hinzufügen. Alles bei mittlerer Hitze aufkochen und 2 Minuten köcheln lassen.

3 ••• Die Konfitüre in eine Schüssel füllen und mit Frischhaltefolie luftdicht abdecken. Bei Zimmertemperatur abkühlen lassen, dann in den Kühlschrank stellen. Minzeblättchen hacken. Wenn die Konfitüre gut durchgekühlt ist, vorsichtig die gehackten Minzeblättchen einrühren.

4 ••• Die fertigen Macaronschalen vom Backblech nehmen. Mit dem Spritzbeutel eine haselnussgroße Portion der Erdbeerkonfitüre auf die Hälfte der Schalen setzen, je eine weitere Schale auflegen und leicht andrücken.

Sommerlich

Honigmelone

Kreation 2011

····

Geschmacksrichtung
pastellorange Schale, Honigmelonencreme

····

Dazu passt
Erdbeernektar

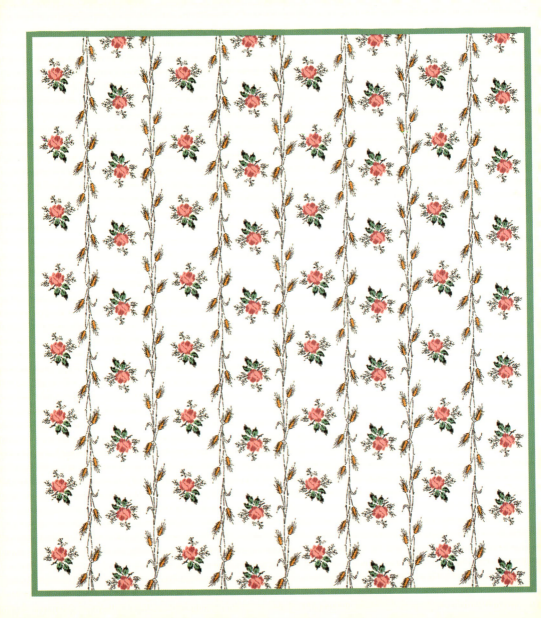

Honigmelonen-Macaron

Für ca. 50 Macarons

Zubereitung: 1 Std. 20 Min.
Kochen: 14 Min.
Ruhen: mindestens 12 Std.

Melonencreme:
200 g Zucker
75 g Eigelb
250 g weiche Butter
150 g püriertes Fruchtfleisch von 1 Honigmelone
5 Tropfen natürliche Honigmelonenessenz

Macaronschalen:
Grundrezept für Mandel-Macaronschalen, S. 290
+ einige Tropfen orangefarbene Lebensmittelfarbe

Außerdem:
kleiner Topf
Zuckerthermometer
Standrührgerät
Schneebesen
Spritzbeutel mit
10-mm-Lochtülle

Sommerlich

1••• Die Macaronschalen unter Zugabe der orangefarbenen Lebensmittelfarbe zubereiten (Grundrezept für Mandel-Macaronschalen, siehe S. 290).

2••• Für die Füllung in einem kleinen Topf den Zucker mit 50 ml Wasser verrühren und auf 120 °C erhitzen. Die Mischung zusammen mit dem Eigelb in die Schüssel des Standrührgeräts geben und mit dem Rührbesenaufsatz erst auf Stufe 3, dann auf Stufe 2 schaumig aufschlagen.

3••• Wenn die Masse auf ca. 40 °C abgekühlt ist, die Butter stückchenweise zugeben und weiterrühren, bis eine glatte Masse entsteht. Das pürierte Melonenfruchtfleisch und die Melonenessenz hinzufügen und alles verrühren.

4••• Die fertigen Macaronschalen vom Backblech nehmen. Mit dem Spritzbeutel jeweils eine haselnussgroße Portion der Melonencreme auf die Hälfte der Schalen setzen, je eine weitere Schale auflegen und leicht andrücken.

Sommerlich

Eisminze

Kreation 2001

· · • · ·

Geschmacksrichtung
eisblaue Schale, zart schmelzende Eisminzecreme

· · • · ·

Dazu passt
Schoko-Minze-Eistee

Eisminze-Macaron

· ● ● ● ·

Für ca. 50 Macarons

Zubereitung: 1 Std. 30 Min.
Kochen: 14 Min.
Aromatisieren: über Nacht
Ruhen: 2 Std. + mindestens 12 Std. kühlen

Eisminzecreme:
15 frische Minzeblättchen
195 g Sahne
15 g Maizena®-Speisestärke
100 g Zucker
100 g weiße Schokolade
110 g weiche Butter
45 ml Get 27®
3 Tropfen Eisminzeessenz

Macaronschalen:
Grundrezept für Mandel-Macaronschalen, S. 290
+ einige Tropfen blaue Lebensmittelfarbe

Außerdem:
kleiner Topf – Schneebesen – Standrührgerät – Zuckerthermometer – Spritzbeutel mit 10-mm-Lochtülle

Sommerlich

1 ... Die Minze in 160 g Sahne einlegen. Über Nacht ziehen lassen.

2 ... Am nächsten Tag die restliche Sahne mit der Speisestärke in einer Schüssel verrühren. Minzeblättchen aus der aromatisierten Sahne entfernen. Dann Zucker und Minzesahne in einem Topf zum Köcheln bringen. Die Mischung über die Speisestärke-Sahne geben, gut verrühren und alles wieder bei geringer Hitze auf den Herd stellen; die Mischung mit dem Schneebesen 30 Sekunden schlagen, dann in eine Schüssel füllen.

3 ... Die weiße Schokolade stückchenweise zugeben und vorsichtig mit einem Teigschaber unter die Masse heben. Wenn die Mischung auf ca. 45 °C abgekühlt ist, die weiche Butter zugeben. Alles in die Schüssel des Standrührgeräts füllen und rühren, bis eine homogene Masse entstanden ist. Den Pfefferminzlikör und die Eisminzeessenz hinzufügen. Die Creme mit Frischhaltefolie luftdicht abdecken und für mindestens 2 Stunden in den Kühlschrank stellen.

4 ... Die Macaronschalen unter Zugabe der blauen Lebensmittelfarbe zubereiten (Grundrezept für Mandel-Macaronschalen, siehe S. 290).

5 ... Die fertigen Schalen vom Backblech nehmen. Mit dem Spritzbeutel jeweils eine haselnussgroße Portion der Minzecreme auf die Hälfte der Schalen setzen, je eine weitere Schale auflegen und leicht andrücken.

Weitere Sommerfreuden

Limette-Basilikum-Macaron

KREATION 2001
GESCHMACKSRICHTUNG: grüne Schale,
Limetten-Basilikum-Creme
DAZU PASST: Café blanc mit Zitrusfrüchten aromatisiert

Anis-Macaron

KREATION 2003
GESCHMACKSRICHTUNG: eisblaue Schale,
zart schmelzende Creme mit Anisaroma
DAZU PASST: Tee Mathilde

Minze-Anis-Macaron

KREATION 2009
GESCHMACKSRICHTUNG: eisblaue Schale,
Creme mit Anis- und Minzaromen
DAZU PASST: Ceylon-Tee mit Minzaromen

Sommerlich

Erdbeer-Mohn-Macaron

Kreation 2004
Geschmacksrichtung: rote Schale,
Erdbeerkonfitüre mit Mohnaroma
Dazu passt: Tee Joséphine

Aprikose-Ingwer-Macaron

Kreation 2002
Geschmacksrichtung: orangefarbene Schale,
Aprikosen-Ingwer-Konfitüre
Dazu passt: Tee Jardin Bleu Royal

Grenadine-Macaron

Kreation 2007
Geschmacksrichtung: rosafarbene Schale, Grenadinecreme
Dazu passt: Erdbeer-Milchshake

Winterlich

Havanna

Kreation 2003
für Iunx

· · ● · ·

Geschmacksrichtung
tabakbraune Schale, Creme aus dem Aufguss des Tabakblatts

· · ● · ·

Dazu passt
Rauchtee Lapsang Souchong

Havanna-
Macaron

Für ca. 50 Macarons

Zubereitung: 1 Std. 30 Min.
Kochen: 14 Min.
Ruhen: 2 Std. + mindestens 12 Std. kühlen

Tabakcreme:
195 g Sahne
15 g Maizena®-Speisestärke
100 g Zucker
100 g weiße Schokolade
110 g weiche Butter
natürliche Tabakessenz
(nach Belieben)

Macaronschalen:
Grundrezept für Mandel-Macaronschalen, S. 290

+ einige Tropfen karamellbraune Lebensmittelfarbe

Außerdem:
kleiner Topf – Schneebesen
Handrührgerät
Zuckerthermometer
Spritzbeutel mit
10-mm-Lochtülle

Winterlich

1 ••• Für die Füllung 45 g Sahne mit der Speisestärke in einer Schüssel verrühren. Zucker und restliche Sahne in einem Topf zum Köcheln bringen. Die Zuckersahne über die Speisestärke-Sahne-Mischung geben, gut verrühren und alles bei geringer Hitze wieder auf den Herd stellen; die Mischung mit dem Schneebesen 30 Sekunden schlagen, dann in eine Schüssel füllen.

2 ••• Die weiße Schokolade stückchenweise zugeben und vorsichtig mit einem Teigschaber unter die Masse heben. Wenn die Mischung auf ca. 45 °C abgekühlt ist, die weiche Butter und nach Belieben die Tabakessenz zugeben. Alles mit dem Handrührgerät rühren, bis eine homogene Masse entstanden ist. Mit Frischhaltefolie luftdicht abdecken und für mindestens 2 Stunden in den Kühlschrank stellen.

3 ••• Die Macaronschalen unter Zugabe der karamellbraunen Lebensmittelfarbe zubereiten (Grundrezept für Mandel-Macaronschalen, siehe S. 290).

4 ••• Die fertigen Schalen vom Backblech nehmen. Mit dem Spritzbeutel jeweils eine haselnussgroße Portion der Tabakcreme auf die Hälfte der Schalen setzen, je eine weitere Schale auflegen und leicht andrücken.

Winterlich

Rosa Pfeffer

Kreation 2013

Geschmacksrichtung
pfeffergraue Schale, zart schmelzende Rosa-Pfeffer-Creme

Dazu passt
Tee Darjeeling Namring

Rosa-Pfeffer-Macaron

Für ca. 50 Macarons

Zubereitung: 1 Std. 20 Min.
Kochen: 14 Min.
Ruhen: mindestens 12 Std.

Rosa-Pfeffer-Creme:
200 g Zucker
75 g Eigelb
250 g weiche Butter

5 g gemahlener
rosa Pfeffer

Macaronschalen:
Grundrezept für Mandel-
Macaronschalen, S. 290
+ einige Tropfen schwarze
Lebensmittelfarbe

Außerdem:
kleiner Topf
Zuckerthermometer
Standrührgerät
Spritzbeutel mit
10-mm-Lochtülle

Winterlich

1 ·· Die Macaronschalen unter Zugabe der schwarzen Lebensmittelfarbe zubereiten (Grundrezept für Mandel-Macaronschalen, siehe S. 290).

2 ·· Für die Füllung in einem kleinen Topf den Zucker mit 50 ml Wasser verrühren und auf 120 °C erhitzen. Die Mischung zusammen mit dem Eigelb in die Schüssel des Standrührgeräts geben und mit dem Rührbesenaufsatz erst auf Stufe 3, dann auf Stufe 2 schaumig schlagen.

3 ·· Wenn die Masse auf ca. 40 °C abgekühlt ist, die Butter stückchenweise zugeben und weiterrühren, bis eine glatte Masse entsteht. Den gemahlenen rosa Pfeffer hinzufügen und unterrühren.

4 ·· Die fertigen Macaronschalen vom Backblech nehmen. Mit dem Spritzbeutel je eine haselnussgroße Portion der Rosa-Pfeffer-Creme auf die Hälfte der Schalen setzen, eine weitere Schale auflegen und leicht andrücken.

Winterlich

Kreation 2001

· • · ·

Geschmacksrichtung
hellbraune Schale, Maronencreme mit kandierten Maronenstückchen

· • · ·

Dazu passt
Wiener Mélange

Maronen-
Macaron

·⋅•⋅·

Für ca. 50 Macarons

Zubereitung: 1 Std. 10 Min.
Kochen: 14 Min.
Ruhen: mindestens 12 Std.

Maronencreme:
140 g weiche Butter
90 g Maronenpaste
90 g Maronenpüree
50 g Maronencreme
2 EL brauner Rum
5 kandierte Maronen

Macaronschalen:
Grundrezept für Mandel-
Macaronschalen, S. 290
+ 20 g Schokolade
mit 40 % Kakaoanteil

Außerdem:
Standrührgerät
Spritzbeutel mit
10-mm-Lochtülle

Winterlich

1··· Die Macaronschalen unter Zugabe der Schokolade zubereiten (Grundrezept für Mandel-Macaronschalen, siehe S. 290).

2··· Für die Füllung die Butter in kleine Stücke teilen und in einer Schüssel verrühren, bis sie die geschmeidige Konsistenz einer Creme hat.

3··· Maronenpaste, -püree und -creme in die Schüssel des Standrührgeräts geben und mit dem Rührbesenaufsatz erst auf Stufe 3, dann auf Stufe 2 aufschlagen, bis eine glatte Masse entsteht. Butter und Rum unter die Masse rühren.

4··· Die fertigen Macaronschalen vom Backblech nehmen. Mit dem Spritzbeutel jeweils eine haselnussgroße Portion der Maronencreme auf die Hälfte der Schalen setzen. Kandierte Maronen in Würfel schneiden und auf der Creme verteilen. Je eine weitere Schale auflegen und leicht andrücken.

Winterlich

Marie-Antoinette-Tee

Kreation 2013

· · • · ·

Geschmacksrichtung
eisblaue Schale, Creme aus chinesischem Schwarztee mit Grapefruit- und Rosenaromen

· · • · ·

Dazu passt
Tee Marie-Antoinette

Marie-Antoinette-Tee-Macaron

Für ca. 50 Macarons

Zubereitung: 1 Std. 30 Min.
Kochen: 14 Min.
Aromatisieren: über Nacht
Ruhen: 2 Std. + mindestens 12 Std. kühlen

Teecreme:
45 g Tee Marie-Antoinette
195 g Sahne
15 g Maizena®-Speisestärke
100 g Zucker
100 g weiße Schokolade
110 g weiche Butter

Macaronschalen:
Grundrezept für Mandel-Macaronschalen, S. 290
+ einige Tropfen blaue Lebensmittelfarbe

Außerdem:
Baumwolltuch – kleiner Topf – Schneebesen – Standrührgerät – Zuckerthermometer – Spritzbeutel mit 10-mm-Lochtülle

Winterlich

1 ... Den losen Tee in 160 g Sahne einlegen und über Nacht ziehen lassen.

2 ... Am nächsten Tag die restliche Sahne mit der Speisestärke in einer Schüssel verrühren. Die mit dem Tee aromatisierte Sahne durch ein Baumwolltuch filtern; das Tuch dabei gut auspressen, um den Flüssigkeitsverlust so gering wie möglich zu halten. Notfalls die Mischung mit Sahne auffüllen.

3 ... Zucker und restliche Sahne in einem Topf zum Köcheln bringen. Die Mischung über die Speisestärke-Sahne geben, gut umrühren und alles wieder bei geringer Hitze auf den Herd stellen; die Mischung mit dem Schneebesen 30 Sekunden schlagen, dann in eine Schüssel füllen.

4 ... Die weiße Schokolade stückchenweise zugeben und mit einem Teigschaber unter die Masse heben. Wenn die Mischung auf ca. 45 °C abgekühlt ist, die weiche Butter zugeben. Alles in die Schüssel des Standrührgeräts geben und rühren, bis eine homogene Masse entstanden ist. Mit Frischhaltefolie luftdicht abdecken und für 2 Stunden in den Kühlschrank stellen.

5 ... Die Macaronschalen unter Zugabe der blauen Lebensmittelfarbe zubereiten (Grundrezept für Mandel-Macaronschalen, siehe S. 290).

6 ... Die fertigen Schalen vom Backblech nehmen. Mit dem Spritzbeutel jeweils eine haselnussgroße Portion der Teecreme auf die Hälfte der Schalen setzen, je eine weitere Schale auflegen und leicht andrücken.

Winterlich

Lebkuchen

Kreation 2004

· ● ● ● ·

Geschmacksrichtung
dunkelbraune Schale, Lebkuchencreme

· ● ● ● ·

Dazu passt
Tee Chéri

Lebkuchen-
Macaron

·•·

Für ca. 50 Macarons

Zubereitung: 1 Std. 20 Min.
Kochen: 14 Min.
Aromatisieren: über Nacht
Ruhen: 2 Std. + mindestens 12 Std. kühlen

Lebkuchencreme:
1 Vanilleschote
5 g gemahlener Zimt
2 g gemahlener Sternanis
195 g Sahne
15 g Maizena®-Speisestärke
70 g Kastanienhonig
100 g weiße Schokolade
110 g weiche Butter
60 g Orangenmarmelade

Macaronschalen:
Grundrezept für Mandel-Macaronschalen, S. 290
+ 5 g gemahlener Zimt
+ 2 g gemahlener Sternanis
+ braune Lebensmittelfarbe

Außerdem:
kleiner Topf – Schneebesen
Standrührgerät
Zuckerthermometer
Spritzbeutel mit 10-mm-Lochtülle

Winterlich

1··· Das Vanillemark aus der Schote herauskratzen und zusammen mit der Schote sowie Zimt und Sternanis über Nacht in 160 g Sahne einlegen.

2··· Am nächsten Tag die restliche Sahne mit der Speisestärke in einer Schüssel verrühren. Die Sahne-Gewürz-Mischung und den Honig in einem Topf aufkochen. Die Mischung über die Speisestärke-Sahne geben, gut verrühren und alles wieder bei geringer Hitze auf den Herd stellen; alles mit dem Schneebesen 30 Sekunden schlagen, dann in eine Schüssel füllen.

3··· Die weiße Schokolade stückchenweise zugeben und vorsichtig mit einem Teigschaber unter die Masse heben. Wenn die Mischung auf ca. 45 °C abgekühlt ist, die weiche Butter zugeben. Alles in die Schüssel des Standrührgeräts füllen und rühren, bis eine homogene Masse entstanden ist. Vorsichtig die Orangenmarmelade einrühren. Mit Frischhaltefolie luftdicht abdecken und für mindestens 2 Stunden in den Kühlschrank stellen.

4··· Die Macaronschalen unter Zugabe von Zimt, Sternanis und brauner Lebensmittelfarbe zubereiten (Grundrezept für Mandel-Macaronschalen, siehe S. 290).

5··· Die fertigen Schalen vom Backblech nehmen. Mit dem Spritzbeutel jeweils eine haselnussgroße Portion der Lebkuchencreme auf die Hälfte der Schalen setzen, je eine weitere Schale auflegen und leicht andrücken.

Weitere Wintergenüsse

Milchschokolade-Macaron

KREATION 2003
GESCHMACKSRICHTUNG: Schokoladenschale, Ganache mit 40 % Kakaoanteil
DAZU PASST: heiße Schokolade

Nugat-Macaron

KREATION VOR 1993
GESCHMACKSRICHTUNG: Nugatschale, Nugatcreme
DAZU PASST: heiße Schokolade nach Wiener Art

Yunnan-Tee-Macaron

KREATION 2000
GESCHMACKSRICHTUNG: elfenbeinfarbene Schale, Yunnan-Tee-Creme
DAZU PASST: grüner Yunnan-Tee

Winterlich

Darjeeling-Tee-Macaron
Kreation 2008
Geschmacksrichtung: elfenbeinfarbene Schale, Darjeeling-Tee-Creme
Dazu passt: Darjeeling-Tee Namring

Java-Pfeffer-Macaron
Kreation 2005
Geschmacksrichtung: pfeffergraue Schale, Java-Pfeffer-Creme
Dazu passt: Darjeeling-Tee Namring

Orange-Ingwer-Macaron
Kreation 2012
Geschmacksrichtung: orangefarbene Schale, Orangen-Ingwer-Konfitüre
Dazu passt: Oolong-Tee mit Orangenblüten

Winterlich

Yuzu-Ingwer-Macaron
Kreation 2013
Geschmacksrichtung: gelbe Schale, Yuzu-Ingwer-Creme
Dazu passt: grüner Tee Senchayamato

Traube-Zimt-Macaron
Kreation 2011
Geschmacksrichtung: zimtfarbene Schale, Zimtcreme mit Traubenstückchen
Dazu passt: Tee Othello

Nugat-Sesam-Macaron
Kreation 2014
Geschmacksrichtung: elfenbeinfarbene Schale, Nugat-Sesam-Creme
Dazu passt: Tee Chéri

Winterlich

Kaffee-Kardamom-Macaron

Kreation 2010
Geschmacksrichtung: kaffeefarbene Schale, Kaffee-Kardamom-Creme
Dazu passt: Wiener Mélange

Casablanca-Macaron

Kreation 2012
Geschmacksrichtung: ockerfarbene Schale, Mandel-Honig-Orangenblüten-Creme
Dazu passt: Tee Mille et Une Nuits

Rum-Vanille-Macaron

Kreation 2014
Geschmacksrichtung: bernsteinfarbene Schale, Vanillecreme mit Rum
Dazu passt: Rum

Für Partys

Für Partys

Tausendundeine Nacht

Kreation 2006

Geschmacksrichtung
pflaumenfarbene Schale, Gewürzcreme mit kandierten Früchten

Dazu passt
Tee Mille et Une Nuits

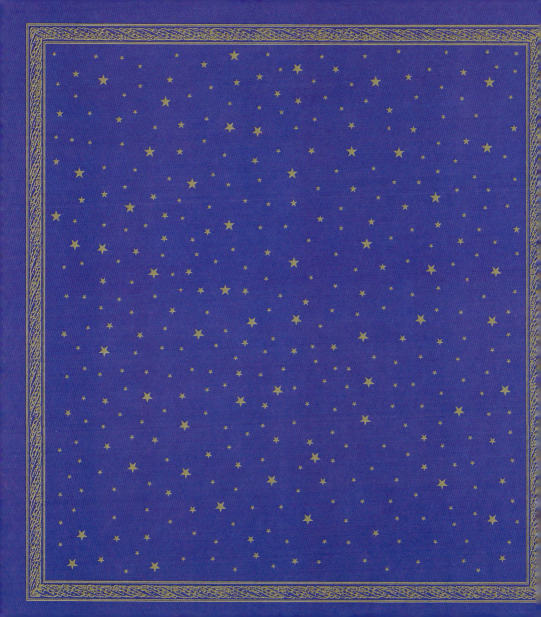

Tausendundeine-Nacht-Macaron

Für ca. 50 Macarons

Zubereitung: 1 Std. 30 Min.
Kochen: 14 Min.
Aromatisieren: über Nacht
Ruhen: 2 Std. + mindestens 12 Std. kühlen

Gewürzcreme:
1 Zimtstange
1/2 Vanilleschote
1 Sternanis

195 g Sahne
15 g Maizena®-Speisestärke
100 g Zucker
100 g weiße Schokolade
110 g weiche Butter
60 g Orangeat und kleingewürfelte kandierte Feigen

Macaronschalen:
Grundrezept für Mandel-Macaronschalen, S. 290
+ einige Tropfen violette Lebensmittelfarbe

Außerdem:
kleiner Topf | Schneebesen
Zuckerthermometer
Standrührgerät
Spritzbeutel mit
10-mm-Lochtülle

Für Partys

1··· Die Zimtstange, die Vanilleschote und den Sternanis über Nacht in 160 g Sahne einlegen.

2··· Am nächsten Tag die restliche Sahne mit der Speisestärke in einer Schüssel verrühren. Zimtstange, Vanilleschote und Sternanis aus der aromatisierten Sahne entfernen. Zucker und aromatisierte Sahne in einem Topf aufkochen. Die Mischung über die Speisestärke-Sahne-Mischung geben, gut umrühren und alles wieder bei geringer Hitze auf den Herd stellen; die Masse mit dem Schneebesen 30 Sekunden schlagen und in eine Schüssel füllen.

3··· Die weiße Schokolade stückchenweise zugeben und mit einem Teigschaber unter die Masse heben. Wenn die Mischung auf ca. 45 °C abgekühlt ist, die weiche Butter zugeben. Alles in die Schüssel des Standrührgeräts geben und rühren, bis eine homogene Masse entstanden ist. Die kandierten Früchte mit einem Teigschaber unterheben. Mit Frischhaltefolie luftdicht abdecken und für mindestens 2 Stunden in den Kühlschrank stellen.

4··· Die Macaronschalen unter Zugabe der violetten Lebensmittelfarbe zubereiten (Grundrezept für Mandel-Macaronschalen, siehe S. 290).

5··· Die fertigen Schalen vom Backblech nehmen. Mit dem Spritzbeutel jeweils eine haselnussgroße Portion der Gewürzcreme auf die Hälfte der Schalen setzen, je eine weitere Schale auflegen und leicht andrücken.

Für Partys

Weihnachtsaromen

Kreation 2012

Geschmacksrichtung
Schokoladenschale, Schokoladenganache, kandierte Clementinen und weihnachtliche Gewürze

Dazu passt
Champagner brut Prestige Ladurée

Weihnachtsaromen-
Macaron

Für ca. 50 Macarons

Zubereitung: 1 Std. 10 Min.
Kochen: 14 Min.
Ruhen: 1 Std. + mindestens 12 Std. kühlen

Schokoladen-Clementinen-Ganache:
290 g Schokolade mit 70 % Kakaoanteil
70 g kandierte Clementinen
70 g Sahne
100 ml Orangensaft
100 ml Clementinensaft
1/2 Vanilleschote
1 Zimtstange
1 Sternanis

Macaronschalen:
Grundrezept für Schokoladen-Macaronschalen, S. 294

Außerdem:
kleiner Topf – Baumwolltuch – Spritzbeutel mit 10-mm-Lochtülle

Für Partys

1.. Für die Ganache die Schokolade und die kandierten Clementinen mit einem Messer fein hacken und in einer Schüssel vermischen. In einem kleinen Topf Sahne, Säfte und Gewürze aufkochen, danach 15 Minuten ziehen lassen. Erneut aufkochen und durch ein Baumwolltuch filtern. In drei Portionen über die gehackte Schokolade und die Clementinen gießen; dabei zwischen den einzelnen Zugaben mit einem Kochlöffel umrühren, sodass eine homogene Masse entsteht. Die fertige Ganache mit Frischhaltefolie luftdicht abdecken.

2.. Die Ganache bei Zimmertemperatur abkühlen lassen, dann für 1 Stunde in den Kühlschrank stellen, bis sie die Konsistenz einer festen Creme hat.

3.. Die Macaronschalen zubereiten (Grundrezept für Schokoladen-Macaronschalen, siehe S. 294).

4.. Die fertigen Schalen vom Backblech nehmen. Mit dem Spritzbeutel jeweils eine haselnussgroße Portion der Ganache auf die Hälfte der Schalen setzen, je eine weitere Schale auflegen und leicht andrücken.

Für Partys

Sonne

Kreation 2010

• • • •

Geschmacksrichtung
orangefarbene Schale, Orangen-Passionsfrucht-Konfitüre

• • • •

Dazu passt
Tee Roi-Soleil

Sonnen-Macaron

••●••

Für ca. 50 Macarons

Zubereitung: 1 Std. 20 Min.
Kochen: 14 Min.
Ruhen: über Nacht +
mindestens 12 Std. kühlen

Orangen-Passionsfrucht-Konfitüre:
5 Bio-Orangen
3 Passionsfrüchte
110 g Zucker
3 g Apfelpektin

Macaronschalen:
Grundrezept für Mandel-Macaronschalen, S. 290
+ einige Tropfen orangefarbene Lebensmittelfarbe

Außerdem:
kleiner Topf
Mixer
Schneebesen
Spritzbeutel mit
10-mm-Lochtülle

Für Partys

1 ••• Die Orangen vierteln und zweimal mit heißem Wasser überbrühen. Die Passionsfrüchte halbieren, auspressen und dabei Saft und Kerne in einem kleinen Topf auffangen. 85 g Zucker, 10 ml Wasser und die Orangenviertel hinzufügen und alles aufkochen. 30 Minuten köcheln lassen, dabei alle 2 Minuten umrühren.

2 ••• Die Orangen-Passionsfrucht-Mischung in den Mixer geben und grob zerkleinern, dann das Apfelpektin und den restlichen Zucker hinzufügen. Alles wieder in den Topf geben und aufkochen lassen. Die fertige Konfitüre in eine Schüssel füllen und über Nacht in den Kühlschrank stellen.

3 ••• Am nächsten Tag unter Zugabe der orangefarbenen Lebensmittelfarbe die Macaronschalen zubereiten (Grundrezept für Mandel-Macaronschalen, siehe S. 290).

4 ••• Die fertigen Schalen vom Backblech nehmen. Mit dem Spritzbeutel jeweils eine haselnussgroße Portion der Konfitüre auf die Hälfte der Schalen setzen, je eine weitere Schale auflegen und leicht andrücken.

Für Partys

Champagner rosé

Kreation 2003
für die Caves Taillevent

· · ● · ·

Geschmacksrichtung
rosa Schale, Champagner-rosé-Creme

· · ● · ·

Dazu passt
Champagner Rosé Ladurée

Champagner-rosé-Macaron

Für ca. 50 Macarons

Zubereitung: 1 Std. 30 Min.
Kochen: 14 Min.
Ruhen: 2 Std. + mindestens 12 Std. kühlen

Champagnercreme:
25 g Sahne
15 g Maizena®-Speisestärke
100 g Zucker
200 ml Champagner rosé
100 g weiße Schokolade
110 g weiche Butter

Macaronschalen:
Grundrezept für Mandel-Macaronschalen, S. 290
+ einige Tropfen rosa-farbene Lebensmittelfarbe

Außerdem:
kleiner Topf
Schneebesen
Zuckerthermometer
Standrührgerät
Spritzbeutel mit 10-mm-Lochtülle

Für Partys

1... Für die Füllung die Sahne mit der Speisestärke in einer Schüssel verrühren. Zucker und Champagner in einem Topf aufkochen. Über die Speisestärke-Sahne-Mischung geben, gut verrühren und alles wieder bei geringer Hitze auf den Herd stellen; die Mischung mit dem Schneebesen ca. 30 Sekunden schlagen und in eine Schüssel füllen.

2... Die weiße Schokolade stückchenweise zugeben und vorsichtig mit einem Teigschaber unter die Masse heben. Wenn die Mischung auf ca. 45 °C abgekühlt ist, die weiche Butter zugeben. Alles in die Schüssel des Standrührgeräts geben und rühren, bis eine homogene Masse entstanden ist. Mit Frischhaltefolie luftdicht abdecken und für mindestens 2 Stunden in den Kühlschrank stellen.

3... Die Macaronschalen unter Zugabe der rosafarbenen Lebensmittelfarbe zubereiten (Grundrezept für Mandel-Macaronschalen, siehe S. 290).

4... Die fertigen Schalen vom Backblech nehmen. Mit dem Spritzbeutel jeweils eine haselnussgroße Portion der Champagnercreme auf die Hälfte der Schalen setzen, je eine weitere Schale auflegen und leicht andrücken.

Für Partys

Gold

KREATION 2001

GESCHMACKSRICHTUNG
mit Blattgold verzierte Schokoladenschale, Schokoladenganache

DAZU PASST
Champagner brut Prestige Ladurée

Gold-
Macaron

· • ·

Für ca. 50 Macarons

Zubereitung: 1 Std. 10 Min.
Kochen: 14 Min.
Ruhen: 1 Std. + mindestens 12 Std. kühlen

Schokoladenganache:
290 g Schokolade mit 66 % Kakaoanteil
270 g Sahne
60 g Butter

Macaronschalen:
Grundrezept für Schokoladen-Macaronschalen, S. 294
+ essbares Blattgold für die Verzierung

Außerdem:
kleiner Topf
Spritzbeutel mit 10-mm-Lochtülle
Kochpinsel

Für Partys

1··· Für die Ganache die Schokolade mit einem Messer fein hacken und in eine Schüssel geben. In einem kleinen Topf die Sahne aufkochen und in drei Portionen über die gehackte Schokolade gießen, dazwischen mit einem Kochlöffel umrühren, sodass eine homogene Masse entsteht. Die Butter in kleinen Stücken unter die Ganache rühren, bis die Masse eine glatte, cremige Konsistenz hat. Die fertige Ganache mit Frischhaltefolie luftdicht abdecken.

2··· Die Ganache bei Zimmertemperatur abkühlen lassen, dann für 1 Stunde in den Kühlschrank stellen, bis sie die Konsistenz einer festen Creme hat.

3··· Die Macaronschalen zubereiten (Grundrezept für Schokoladen-Macaronschalen, siehe S. 294).

4··· Die fertigen Schalen vom Backblech nehmen. Mit dem Spritzbeutel jeweils eine haselnussgroße Portion der Schokoladenganache auf die Hälfte der Schalen setzen, je eine weitere Schale auflegen und leicht andrücken.

5··· Vor dem Verzehr die Macarons mit einem Kochpinsel und etwas Wasser anfeuchten und vorsichtig das Blattgold auflegen.

Für Partys

Silber

Kreation 2001

· · ● · ·

Geschmacksrichtung
mit Blattsilber verzierte, elfenbeinfarbene Schale, Vanillecreme

· · ● · ·

Dazu passt
Champagner brut Prestige Ladurée

Silber- Macaron

·•●•·

Für ca. 50 Macarons

Zubereitung: 1 Std. 30 Min.
Kochen: 14 Min.
Aromatisieren: über Nacht
Ruhen: 2 Std. + mindestens 12 Std. kühlen

Vanillecreme:
1 Vanilleschote
195 g Sahne
15 g Maizena®-Speisestärke
100 g Zucker
100 g weiße Schokolade
110 g weiche Butter

Macaronschalen:
Grundrezept für Vanille-Macaronschalen, S. 290
+ essbares Blattsilber

Außerdem:
kleiner Topf
Schneebesen
Standrührgerät
Zuckerthermometer
Spritzbeutel mit 10-mm-Lochtülle

Für Partys

1 ••• Das Mark aus der Vanilleschote herauskratzen und zusammen mit der Schote über Nacht in 160 g Sahne einlegen.

2 ••• Am nächsten Tag die restliche Sahne mit der Speisestärke in einer Schüssel verrühren. Die Vanilleschote aus der aromatisierten Sahne entfernen. Zucker und Vanillesahne in einem Topf aufkochen. Dann die Mischung über die Speisestärke-Sahne geben, gut verrühren und alles wieder bei geringer Hitze auf den Herd stellen; die Masse mit dem Schneebesen 30 Sekunden schlagen und in eine Schüssel füllen.

3 ••• Die weiße Schokolade stückchenweise zugeben und vorsichtig mit einem Teigschaber unter die Masse heben. Wenn die Mischung auf ca. 45 °C abgekühlt ist, die weiche Butter zugeben. Alles in die Schüssel des Standrührgeräts geben und rühren, bis eine homogene Masse entstanden ist. Mit Frischhaltefolie luftdicht abdecken und für mindestens 2 Stunden kaltstellen.

4 ••• Die Macaronschalen zubereiten (Grundrezept für Vanille-Macaronschalen, siehe S. 292).

5 ••• Die fertigen Schalen vom Backblech nehmen. Mit dem Spritzbeutel jeweils eine haselnussgroße Portion der Vanillecreme auf die Hälfte der Schalen setzen, je eine weitere Schale auflegen und leicht andrücken. Zum Schluss die Macarons mit einem Kochpinsel und etwas Wasser anfeuchten und vorsichtig das Blattsilber auflegen.

Weitere Party-Highlights

Maronen-Birne-Macaron
KREATION 2011
GESCHMACKSRICHTUNG: braune Schale, Birnencreme mit kandierten Maronenstückchen
DAZU PASST: Champagner brut Prestige Ladurée

Passionsfrucht-Kokos-Macaron
KREATION 2013
GESCHMACKSRICHTUNG: Kokosnussschale, Schokolade-Passionsfrucht-Ganache
DAZU PASST: Champagner brut Prestige Ladurée

Kupfer-Macaron
KREATION 2001
GESCHMACKSRICHTUNG: Schokoladenschale mit Blattkupfer, dunkle Schokoladenganache
DAZU PASST: Champagner brut Prestige Ladurée

Für Partys

Slawische Macaron
Kreation 2009
Geschmacksrichtung: Vanilleschale, Kirschcreme mit kandierten Früchten
Dazu passt: Kirschlikör

Wodka-Macaron
Kreation 2009
Geschmacksrichtung: eisblaue Schale, Wodkacreme
Dazu passt: Wodka

Cognac-Macaron
Kreation 2013
Geschmacksrichtung: bernsteinfarbene Schale, Cognaccreme
Dazu passt: Cognac

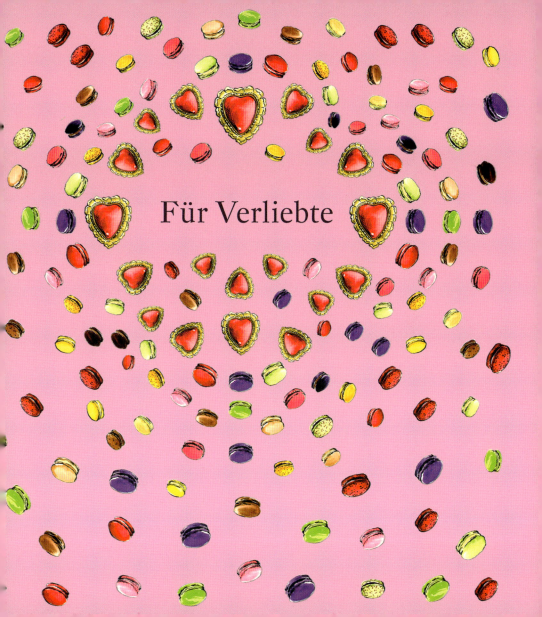
Für Verliebte

Für Verliebte

Rose-Himbeer-Herz

Kreation 2000

Geschmacksrichtung
rosa Schale, Himbeerkonfitüre und Rosencreme

Dazu passt
Champagner Rosé Ladurée

Rose-Himbeer-Herzmacaron

Für ca. 50 Macarons

Zubereitung: 1 Std. 45 Min.
Kochen: 14 Min.
Ruhen: mindestens 12 Std.

Macaronschalen:
Grundrezept für Mandel-Macaronschalen, S. 290
+ einige Tropfen rosafarbene Lebensmittelfarbe

Himbeerkonfitüre:
225 g Zucker
2 TL Apfelpektin
375 g frische Himbeeren
Saft von 1/2 Zitrone

Rosencreme:
200 g Zucker
75 g Eigelb
250 g weiche Butter
15 ml Rosensirup
10 ml Rosenwasser

Außerdem:
Topf – Schneebesen – Pürierstab – Standrührgerät – Zuckerthermometer – Spritzbeutel mit 10-mm-Lochtülle

Für Verliebte

1... Die Macaronschalen unter Zugabe der rosafarbenen Lebensmittelfarbe zubereiten (Grundrezept für Mandel-Macaronschalen, siehe S. 290). Mit dem Spritzbeutel aus dem Teig herzförmige Macaronschalen formen.

2... Für die Himbeerkonfitüre Zucker und Apfelpektin in einer Schüssel vermischen. Die Himbeeren in einen Topf geben und mit dem Pürierstab zerkleinern. Das Fruchtmus erwärmen, anschließend die Zucker-Apfelpektin-Mischung und den Zitronensaft hinzufügen. Bei mittlerer Hitze zum Kochen bringen und 2 Minuten köcheln lassen.

3... Die Konfitüre in eine Schüssel füllen und mit Frischhaltefolie abdecken. Bei Zimmertemperatur abkühlen lassen, dann in den Kühlschrank stellen.

4... Für die Rosencreme in einem Topf den Zucker mit 50 ml Wasser verrühren und alles auf 120 °C erhitzen. Die Mischung zusammen mit dem Eigelb in die Schüssel des Standrührgeräts geben und mit dem Rührbesenaufsatz erst auf Stufe 3, dann auf Stufe 2 schaumig aufschlagen. Wenn alles auf ca. 40 °C abgekühlt ist, die weiche Butter stückchenweise zugeben und weiterrühren, bis eine glatte Masse entsteht. Dann Rosensirup und -wasser hinzufügen und unterrühren.

.../...

Für Verliebte

…/…

5 •• Die fertigen Macaronschalen vom Backblech nehmen. Mit dem Spritzbeutel je eine haselnussgroße Portion der Himbeerkonfitüre auf die Herzschalen setzen; die Konfitüre mit einem Teigschaber verteilen, sodass die Schalen komplett bedeckt sind. Für 10 Minuten in den Kühlschrank stellen.

6 •• Mit dem Spritzbeutel die Rosencreme auf die Hälfte der Schalen geben; dabei zunächst die Creme auf die Ränder, dann auf das Innere der Herzen verteilen. Dann jeweils eine zweite Schale aufsetzen, sodass eine Schichtung aus Schale, Konfitüre, Rosencreme, Konfitüre, Schale entsteht.

Für Verliebte

Karamell-Muscovado

Kreation 2003

••••

Geschmacksrichtung
dunkle Muscovado-Zucker-Schale, Muscovado-Karamell-Creme

••••

Dazu passt
grüner Tee Senchayamato

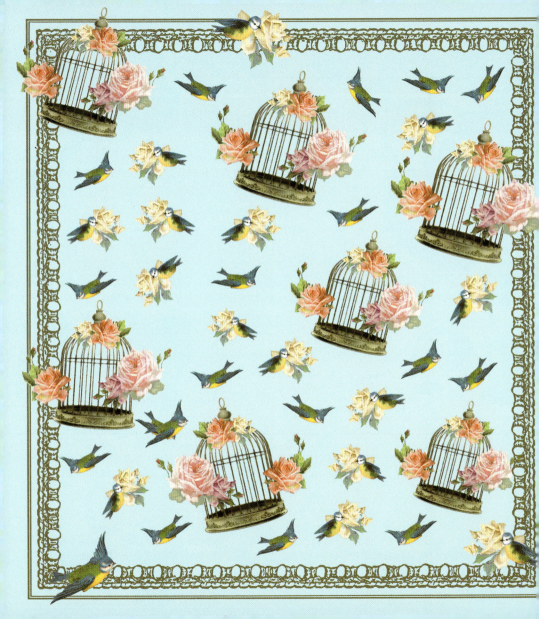

Karamell-Muscovado-Doppelmacaron

Für ca. 50 Macarons

Zubereitung: 1 Std. 30 Min.
Kochen: 14 Min.
Ruhen: 2 Std. + mindestens 12 Std. kühlen

Muscovadocreme:
170 g Sahne
15 g Maizena®-Speisestärke
130 g Muscovadozucker
100 g weiße Schokolade
110 g weiche Butter

Macaronschalen:
Grundrezept für Mandel-Macaronschalen, S. 290
+ einige Tropfen karamellbraune Lebensmittelfarbe

Außerdem:
kleiner Topf
Schneebesen
Standrührgerät
Zuckerthermometer
Spritzbeutel mit 10 mm-Lochtülle

Für Verliebte

1 ··· Für die Füllung 25 g Sahne mit der Speisestärke in einer Schüssel verrühren. Den Muscovadozucker mit der restlichen Sahne in einem Topf aufkochen. Die Mischung über die Speisestärke-Sahne geben, gut verrühren und alles wieder bei geringer Hitze auf den Herd stellen; die Mischung mit dem Schneebesen 30 Sekunden schlagen, dann in eine Schüssel füllen.

2 ··· Die weiße Schokolade stückchenweise zugeben und vorsichtig mit einem Teigschaber unter die Masse heben. Wenn die Mischung auf ca. 45 °C abgekühlt ist, die weiche Butter zugeben. Alles in die Schüssel des Standrührgeräts füllen und rühren, bis eine homogene Masse entstanden ist. Mit Frischhaltefolie luftdicht abdecken und für mindestens 2 Stunden in den Kühlschrank stellen.

3 ··· Die Macaronschalen unter Zugabe der karamellbraunen Lebensmittelfarbe zubereiten (Grundrezept für Mandel-Macaronschalen, siehe S. 290).

4 ··· Die fertigen Schalen vom Backblech nehmen. Mit dem Spritzbeutel jeweils eine haselnussgroße Portion der Muscovadocreme auf die Hälfte der Schalen setzen, je eine weitere Schale auflegen und leicht andrücken. Echte Schleckermäuler wiederholen das Ganze und setzen alles zu einem Doppelmacaron zusammen!

Für Verliebte

Waldfrüchte-Jasmin

Kreation 2014

Geschmacksrichtung
rote Schale, Waldfrüchte-Jasmin-Konfitüre

Dazu passt
Tee Joséphine

Waldfrüchte-Jasmin-Macaron

Für ca. 50 Macarons

Zubereitung: 1 Std. 15 Min.
Kochen: 14 Min.
Ruhen: mindestens 12 Std.

Waldfrüchte-Jasmin-Konfitüre:
220 g Zucker
2 TL Apfelpektin
80 g frische Schwarze Johannisbeeren
120 g frische Himbeeren
50 g frische Rote Johannisbeeren
100 g frische Brombeeren
50 g frische Blaubeeren
Saft von 1/2 Zitrone
2 Tropfen natürliche Jasminessenz

Macaronschalen:
Grundrezept für Mandel-Macaronschalen, S. 290
+ einige Tropfen rote Lebensmittelfarbe

Außerdem:
Topf – Pürierstab – Spritzbeutel mit 10-mm-Lochtülle

Für Verliebte

1 ... Die Macaronschalen unter Zugabe der roten Lebensmittelfarbe zubereiten (Grundrezept für Mandel-Macaronschalen, siehe S. 290).

2 ... Für die Füllung Zucker und Apfelpektin in einer Schüssel vermischen. Die Früchte in einen Topf geben und mit dem Pürierstab zerkleinern. Das Fruchtmus erwärmen, anschließend die Zucker-Apfelpektin-Mischung und den Zitronensaft hinzufügen. Alles bei mittlerer Hitze zum Kochen bringen und 2 Minuten köcheln lassen.

3 ... Die Konfitüre in eine Schüssel füllen und mit Frischhaltefolie abdecken. Bei Zimmertemperatur abkühlen lassen, dann in den Kühlschrank stellen.

4 ... Wenn die Konfitüre gut durchgekühlt ist, die Jasminessenz vorsichtig einrühren.

5 ... Die fertigen Macaronschalen vom Backblech nehmen. Mit dem Spritzbeutel jeweils eine haselnussgroße Portion der Konfitüre auf die Hälfte der Schalen setzen, je eine weitere Schale auflegen und leicht andrücken.

Für Verliebte

Rosa-Grapefruit-Vanille

Kreation 2012

Geschmacksrichtung
rosa Schale, Grapefruit-Bourbon-Vanille-Konfitüre

Dazu passt
Schwarztee mit Vanillearoma

Rosa-Grapefruit-Vanille-Macaron

· · • · ·

Für ca. 50 Macarons

Zubereitung: 1 Std. 20 Min.
Kochen: 14 Min.
Ruhen: über Nacht + mindestens 12 Std. kühlen

Grapefruit-Vanille-Konfitüre:
3 Bio-Grapefruits
2 Vanilleschoten
Saft von 1 Limette
120 g Zucker
3 g Apfelpektin

Macaronschalen:
Grundrezept für Mandel-Macaronschalen, S. 290
+ einige Tropfen rosafarbene Lebensmittelfarbe

Außerdem:
Mixer
kleiner Topf
Spritzbeutel mit 10-mm-Lochtülle

Für Verliebte

1 ••• Die Grapefruits vierteln und jeweils dreimal mit heißem Wasser überbrühen. Die Vanilleschoten aufschneiden und das Mark herauskratzen. Den Saft der Limette, das Mark der Vanilleschoten, 100 ml Wasser und 95 g Zucker in einen kleinen Topf geben. Die überbrühten Grapefruitviertel hinzufügen und alles aufkochen. Ca. 30 Minuten köcheln lassen, dabei alle 2 Minuten umrühren.

2 ••• Die Mischung grob im Mixer zerkleinern, dann das Apfelpektin und den restlichen Zucker hinzufügen. Wieder in den Topf geben und aufkochen. Die fertige Konfitüre in eine Schüssel füllen, mit Frischhaltefolie abdecken, abkühlen lassen und über Nacht in den Kühlschrank stellen.

3 ••• Am nächsten Tag die Macaronschalen unter Zugabe der rosafarbenen Lebensmittelfarbe zubereiten (Grundrezept für Mandel-Macaronschalen, siehe S. 290).

4 ••• Die fertigen Schalen vom Backblech nehmen. Mit dem Spritzbeutel jeweils eine haselnussgroße Portion der Konfitüre auf die Hälfte der Schalen setzen, je eine weitere Schale auflegen und leicht andrücken.

Für Verliebte

Kreation 2011
für die Hochzeit von Prinz Albert II. von Monaco

・・●・・

Geschmacksrichtung
rosa Schale, rosa Guavencreme

・・●・・

Dazu passt
Champagner brut Prestige Ladurée

Guaven-Macaron

·•••·

Für ca. 50 Macarons

Zubereitung: 1 Std. 30 Min.
Kochen: 14 Min.
Ruhen: 2 Std. + mindestens 12 Std. kühlen

Guavencreme:
200 ml Guavensaft
15 g Maizena®-Speisestärke
100 g Muscovadozucker
100 g weiße Schokolade
110 g weiche Butter

Macaronschalen:
Grundrezept für Mandel-Macaronschalen, S. 290
+ einige Tropfen rosa-farbene Lebensmittelfarbe

Außerdem:
kleiner Topf
Schneebesen
Zuckerthermometer
Standrührgerät
Spritzbeutel mit 10-mm-Lochtülle

Für Verliebte

1 ··· Für die Füllung 25 ml Guavensaft mit der Speisestärke in einer Schüssel verrühren. Muscovadozucker und restlichen Guavensaft in einem Topf aufkochen. Dann die Mischung zum Speisestärke-Guavensaft geben, gut verrühren und alles erneut bei geringer Hitze auf den Herd stellen; die Mischung mit dem Schneebesen 30 Sekunden schlagen, dann zurück in die Schüssel geben.

2 ··· Die weiße Schokolade stückchenweise zugeben und vorsichtig mit einem Teigschaber unter die Masse rühren. Wenn die Mischung auf ca. 45 °C abgekühlt ist, die weiche Butter stückchenweise zugeben. Alles in die Schüssel des Standrührgeräts geben und rühren, bis eine homogene Masse entstanden ist. Mit Frischhaltefolie luftdicht abdecken und für mindestens 2 Stunden in den Kühlschrank stellen.

3 ··· Die Macaronschalen unter Zugabe der rosafarbenen Lebensmittelfarbe zubereiten (Grundrezept für Mandel-Macaronschalen, siehe S. 290).

4 ··· Die fertigen Schalen vom Backblech nehmen. Mit dem Spritzbeutel jeweils eine haselnussgroße Portion der Guavencreme auf die Hälfte der Schalen setzen, je eine weitere Schale auflegen und leicht andrücken.

Weitere süße Liebesboten

Cassis-Veilchen-Herzmacaron
KREATION 2003
GESCHMACKSRICHTUNG: Schwarze-Johannisbeer-Schale,
Schwarze-Johannisbeer-Konfitüre und Veilchencreme
DAZU PASST: Tee Jardin Bleu Royal

Limetten-Basilikum-Herzmacaron
KREATION 2005
GESCHMACKSRICHTUNG: grüne Schale,
Limetten-Basilikum-Creme
DAZU PASST:

Lakritz-Karamell-Herzmacaron
KREATION 2004
GESCHMACKSRICHTUNG: schwarze Schale,
weiches Karamell mit Fleur de Sel, Lakritzcreme
DAZU PASST: Eistee Chéri

Für Verliebte

Rouge-Madame-Macaron
Kreation 2011 für *Madame Figaro*
Geschmacksrichtung: lippenstiftrote Schale, Sauerkirsch-Veilchen-Rose-Kokos-Creme
Dazu passt: Tee Marie-Antoinette

Rose-Anis-Macaron
Kreation 2007 für den Fleuristen Odorantes
Geschmacksrichtung: blassrosa Schale, Rosen-Anis-Creme
Dazu passt: Champagner Rosé Ladurée

Sauerkirsch-Amaretto-Macaron
Kreation 2002
Geschmacksrichtung: kirschrote Schale, Sauerkirsch-Bittermandel-Konfitüre
Dazu passt: Tee Mélange Ladurée

Für Verliebte

Zuckerwatte-Macaron
Kreation 2003 für die 3000. Ausgabe der Zeitschrift *ELLE*
Geschmacksrichtung: rosafarbene Schale, Zuckerwattecreme
Dazu passt: Champagner Rosé Ladurée

Rouge-Diva-Macaron
Kreation 2007
Geschmacksrichtung: knallrote Schale,
süße Banyuls-Gewürzcreme
Dazu passt: Champagner brut Prestige Ladurée

Himbeer-Sternanis-Macaron
Kreation 2011 für die Hochzeit von Prinz Albert II. von Monaco
Geschmacksrichtung: rote Schale,
Himbeer-Sternanis-Konfitüre
Dazu passt: Champagner brut Prestige Ladurée

Für Verliebte

Pfirsich-Macaron
KREATION 2014
GESCHMACKSRICHTUNG: orangegelbe Schale, Pfirsichkonfitüre
DAZU PASST: Eistee

Rose-Himbeer-Doppelmacaron
KREATION 2002
GESCHMACKSRICHTUNG: rosafarbene und rote Schale, Himbeerkonfitüre und Rosencreme
DAZU PASST: Champagner Rosé Ladurée

Kaffee-Schokolade-Doppelmacaron
KREATION 2002
GESCHMACKSRICHTUNG: Schokoladen- und Kaffeeschale, dunkle Schokoladenganache und zart schmelzende Kaffeecreme
DAZU PASST: Cappuccino

Nichts geht über Schokolade!

Schokolade-Banane

Kreation 2012

· • · ·

Geschmacksrichtung
elfenbeinfarbene Schale, Schokoladenganache und Bananenpüree

· • · ·

Dazu passt
grüner Jasmintee

Schokolade-Bananen-Macaron

••••

Für ca. 50 Macarons

Zubereitung: 1 Std. 10 Min.
Kochen: 14 Min.
Ruhen: 1 Std. + mindestens 12 Std. kühlen

Schokoladen-Bananen-Ganache:
290 g Schokolade mit 70 % Kakaoanteil
70 g Sahne
200 ml Bananensaft
60 g weiche Butter

Macaronschalen:
Grundrezept für Vanille-Macaronschalen, S. 292

Außerdem:
kleiner Topf
Handrührgerät
Spritzbeutel mit 10-mm-Lochtülle

Nichts geht über Schokolade!

1··· Für die Ganache die Schokolade mit einem Messer fein hacken und in eine Schüssel geben. In einem Topf Sahne und Bananensaft aufkochen, anschließend in drei Portionen über die gehackte Schokolade gießen; dabei zwischen den einzelnen Zugaben mit einem Kochlöffel umrühren, sodass eine homogene Masse entsteht. Die Butter stückchenweise mit dem Handrührgerät unter die Mischung rühren, bis sie eine glatte, cremige Konsistenz hat. Die fertige Ganache mit Frischhaltefolie luftdicht abdecken.

2··· Die Ganache bei Zimmertemperatur abkühlen lassen, dann für 1 Stunde in den Kühlschrank stellen, bis sie die Konsistenz einer festen Creme hat.

3··· Die Macaronschalen zubereiten (Grundrezept für Vanille-Macaronschalen, siehe S. 292).

4··· Die fertigen Schalen vom Backblech nehmen. Mit dem Spritzbeutel jeweils eine haselnussgroße Portion der Ganache auf die Hälfte der Schalen setzen, je eine weitere Schale auflegen und leicht andrücken.

Nichts geht über Schokolade!

Schokolade-Maracuja

Kreation 2008

• • • •

Geschmacksrichtung
orangefarbene Schale mit Schokoladensplittern, Schokoladen-Maracuja-Ganache

• • • •

Dazu passt
Tee Mathilde

Schokolade-Maracuja-Macaron

Für ca. 50 Macarons

Zubereitung: 1 Std. 10 Min.
Kochen: 14 Min.
Ruhen: 1 Std. + mindestens 12 Std. kühlen

Schokoladen-Maracuja-Ganache:
6 Maracujas
290 g Schokolade mit 70 % Kakaoanteil
170 g Sahne
60 g weiche Butter

Macaronschalen:
Grundrezept für Mandel-Macaronschalen, S. 290
+ einige Tropfen orangefarbene Lebensmittelfarbe
+ dunkle Schokoladensplitter zum Bestreuen

Außerdem:
kleiner Topf
Handrührgerät
Spritzbeutel mit 10-mm-Lochtülle

Nichts geht über Schokolade!

1 •• Die Maracujas halbieren, sorgfältig Fruchtfleisch und Kerne herauskratzen. Für die Ganache die Schokolade mit einem Messer fein hacken und zusammen mit dem Fruchtfleisch der Maracujas in eine Schüssel geben. In einem Topf die Sahne aufkochen. In drei Portionen über die gehackte Schokolade gießen; dabei zwischen den einzelnen Zugaben mit einem Kochlöffel umrühren, sodass eine homogene Masse entsteht. Die Butter stückchenweise mit dem Handrührgerät unter die Mischung rühren, bis sie eine glatte, cremige Konsistenz hat. Die fertige Ganache mit Frischhaltefolie luftdicht abdecken.

2 •• Die Ganache bei Zimmertemperatur abkühlen lassen, dann für 1 Stunde in den Kühlschrank stellen, bis sie die Konsistenz einer festen Creme hat.

3 •• Die Macaronschalen unter Zugabe der orangefarbenen Lebensmittelfarbe zubereiten (Grundrezept für Mandel-Macaronschalen, siehe S. 290). Vor dem Backen die Hälfte der Schalen mit dunklen Schokoladensplittern bestreuen.

4 •• Die fertigen Schalen vom Backblech nehmen. Mit dem Spritzbeutel jeweils eine haselnussgroße Portion der Ganache auf die unbestreute Hälfte der Schalen setzen, je eine Schale mit Schokoladensplittern auflegen und leicht andrücken.

Nichts geht über Schokolade!

Schokolade-Yuzu

Kreation 2013

Geschmacksrichtung
gelbe Schale, Schokoladenganache mit Yuzusaft

Dazu passt
Earl-Grey-Tee

Schokolade-Yuzu-Macaron

· · • · ·

Für ca. 50 Macarons

Zubereitung: 1 Std. 10 Min.
Kochen: 14 Min.
Ruhen: 1 Std. + mindestens 12 Std. kühlen

Schokoladenganache mit Yuzusaft:
290 g Schokolade mit 70 % Kakaoanteil
70 g Sahne
200 ml Yuzusaft

Macaronschalen:
Grundrezept für Schokolade-Macaron-schalen, S. 294

Außerdem:
kleiner Topf
Spritzbeutel mit 10-mm-Lochtülle

Nichts geht über Schokolade!

1··· Für die Ganache die Schokolade mit einem Messer fein hacken und in eine Schüssel geben. In einem Topf Sahne und Yuzusaft aufkochen und in drei Portionen über die gehackte Schokolade gießen; dabei zwischen den einzelnen Zugaben mit einem Kochlöffel umrühren, sodass eine homogene Masse entsteht. Die Ganache mit Frischhaltefolie luftdicht abdecken.

2··· Die Ganache bei Zimmertemperatur abkühlen lassen, dann für 1 Stunde in den Kühlschrank stellen, bis sie die Konsistenz einer festen Creme hat.

3··· Die Macaronschalen zubereiten (Grundrezept für Schokolade-Macaronschalen, siehe S. 294).

4··· Die fertigen Schalen vom Backblech nehmen. Mit dem Spritzbeutel jeweils eine haselnussgroße Portion der Ganache auf die Hälfte der Schalen setzen, je eine weitere Schale auflegen und leicht andrücken.

Nichts geht über Schokolade!

Schokolade-Himbeer

Kreation 2006

· · ● · ·

Geschmacksrichtung
rote Schale mit Schokoladensplittern, Schokoladenganache mit Himbeeren

· · ● · ·

Dazu passt
Eisschokolade

Schokolade-Himbeer-Macaron

Für ca. 50 Macarons

Zubereitung: 1 Std. 30 Min.
Kochen: 14 Min.
Ruhen: mindestens 12 Std.

Schokolade-Himbeer-Ganache:
290 g Schokolade mit 70 % Kakaoanteil
270 g Sahne

130 g Himbeerkonfitüre (Rezept S. 226)

Macaronschalen:
Grundrezept für Mandel-Macaronschalen, S. 290
+ einige Tropfen rote Lebensmittelfarbe

+ dunkle Schokoladensplitter zum Bestreuen

Außerdem:
kleiner Topf
Schneebesen
Pürierstab
Spritzbeutel mit 10-mm-Lochtülle

Nichts geht über Schokolade!

1··· Für die Ganache die Schokolade mit einem Messer fein hacken und in eine Schüssel geben. In einem kleinen Topf die Sahne aufkochen und in drei Portionen über die gehackte Schokolade gießen; dabei zwischen den einzelnen Zugaben mit einem Kochlöffel umrühren, sodass eine homogene Masse entsteht.

2··· Die Himbeerkonfitüre zur Ganache hinzufügen und unterrühren. Die fertige Mischung mit Frischhaltefolie luftdicht abdecken.

3··· Die Macaronschalen unter Zugabe der roten Lebensmittelfarbe zubereiten (Grundrezept für Mandel-Macaronschalen, siehe S. 290). Vor dem Backen die Hälfte der Schalen mit dunklen Schokoladensplittern bestreuen.

4··· Die fertigen Schalen vom Backblech nehmen. Mit dem Spritzbeutel jeweils eine haselnussgroße Portion der Ganache auf die unbestreute Hälfte der Schalen setzen, je eine Schale mit Schokoladensplittern auflegen und leicht andrücken.

Weitere Schokoladengenüsse

Madagaskar-pur-Macaron

KREATION 2010
GESCHMACKSRICHTUNG: Schokoladen-Kakao-Schale, Ganache aus Madgaskar-Schokolade mit 70 % Kakaoanteil
DAZU PASST: Eisschokolade

Kolumbien-pur-Macaron

KREATION 2011
GESCHMACKSRICHTUNG: Schokoladen-Kakao-Schale, Ganache aus kolumbianischer Schokolade mit 70 % Kakaoanteil
DAZU PASST: heiße Schokolade

Ghana-pur-Macaron

KREATION 2012
GESCHMACKSRICHTUNG: Schokoladen-Kakao-Schale, Ganache aus Ghana-Schokolade mit 72 % Kakaoanteil
DAZU PASST: heiße Schokolade

Nichts geht über Schokolade!

Brasilien-pur-Macaron

Kreation 2013
Geschmacksrichtung: Schokoladen-Kakao-Schale, Ganache aus brasilianischer Schokolade mit 62 % Kakaoanteil
Dazu passt: Rauchtee Lapsang Souchong

Venezuela-pur-Macaron

Kreation 2011
Geschmacksrichtung: Schokoladen-Kakao-Schale, Ganache aus venezolanischer Schokolade mit 70 % Kakaoanteil
Dazu passt: Kaffee

Dominikanische-Republik-pur-Macaron

Kreation 2012
Geschmacksrichtung: Schokoladen-Kakao-Schale, Ganache aus reiner Schokolade aus der Dominikanischen Republik mit 72 % Kakaoanteil
Dazu passt: heiße Schokolade

Nichts geht über Schokolade!

Schokolade-rote-Früchte-Macaron

Kreation 2008
Geschmacksrichtung: rote Schale,
Schokolade-rote-Früchte-Ganache
Dazu passt: Champagner brut Prestige Ladurée

Schokolade-Limette-Macaron

Kreation 2006
Geschmacksrichtung: grüne Schale,
Schokolade-Limette-Ganache
Dazu passt: Eisschokolade

Schokolade-Kaffee-Macaron

Kreation 2014
Geschmacksrichtung: Kaffeeschale,
Schokolade-Kaffee-Ganache
Dazu passt: Schokoladenfrappé

Nichts geht über Schokolade!

Schokolade-Minze-Macaron
Kreation 2008
Geschmacksrichtung: grüne Schale mit Schokoladensplittern, Schokolade-Minze-Ganache
Dazu passt: Ceylon-Tee mit Minzaromen

Schokolade-Kalamansi-Macaron
Kreation 2012
Geschmacksrichtung: orangefarbene Schale, Schokolade-Kalamansi-Ganache
Dazu passt: Café blanc mit Zitrusfrüchten aromatisiert

Schwarzwälder-Kirsch-Macaron
Kreation 2011
Geschmacksrichtung: mahagonifarbene Schale, Schokolade-Sauerkirsch-Ganache mit Sauerkirschstückchen
Dazu passt: heiße Schokolade

Grundrezepte

Mandel-
Macaronschalen

·●●·

Für ca. 50 Macarons

Zubereitung: 50 Min.
Backen: 14 Min.

275 g fein gemahlene Mandeln
250 g Puderzucker
6 Eiweiß + 1/2 Eiweiß
210 g Zucker

Außerdem:
Standrührgerät
Spritzbeutel mit 10-mm-Lochtülle

1 ··· Die gemahlenen Mandeln und den Puderzucker in einer Schüssel miteinander vermischen und anschließend sieben.

GRUNDREZEPTE

2 ••• Die 6 Eiweiß in der Schüssel des Standrührgeräts schlagen. Wenn das Eiweiß beginnt, schaumig zu werden, 1/3 des Zuckers zugeben und weiterschlagen, bis der Zucker sich auflöst. Dann wieder 1/3 des Zuckers hinzufügen und ca. 1 Minute weiterschlagen; den restlichen Zucker zugeben und alles 1 weitere Minute schlagen, bis das Eiweiß fest ist.
Je nach gewähltem Rezept einige Tropfen Lebensmittelfarbe in der passenden Farbe unter die steife Eiweiß-Mischung rühren. Dann die Mandel-Puderzucker-Mischung vorsichtig mit einem Teigschaber unterheben. In einer separaten Schüssel das 1/2 Eiweiß steif schlagen. Zur Teigmasse hinzufügen. Alles vorsichtig miteinander verrühren, bis der Eischnee etwas zusammenfällt und eine dickflüssige Masse entsteht.

3 ••• Mit dem Spritzbeutel kleine Kreise mit einem Durchmesser von 3–4 cm auf ein mit Backpapier ausgelegtes Backblech spritzen. Das Backblech vorsichtig rütteln, damit sich die Kreise gleichmäßig ausbreiten.
Den Backofen auf 150 °C vorheizen. Die Macarons 10 Minuten ruhen lassen, dann in den heißen Ofen schieben und ca. 14 Minuten backen.

4 ••• Das Backblech aus dem Ofen nehmen. Das Papier etwas anheben und aus einem Glas Wasser zwischen Blech und Backpapier tröpfeln. Durch die Feuchtigkeit und das auf dem heißen Blech verdampfende Wasser lassen sich die Macaronschalen später leichter ablösen. Abkühlen lassen. Die Hälfte der Schalen vom Blech nehmen und umgekehrt auf einen Teller setzen.

Vanille-Macaronschalen

Für ca. 50 Macarons

Zubereitung: 50 Min.
Backen: 14 Min.

260 g fein gemahlene Mandeln

250 g Puderzucker
5 g Vanillepulver
6 Eiweiß + 1/2 Eiweiß
210 g Zucker

Außerdem:
Standrührgerät
Spritzbeutel mit
10-mm-Lochtülle

1 ••• Die gemahlenen Mandeln, den Puderzucker und das Vanillepulver in einer Schüssel miteinander vermischen und anschließend sieben.

Grundrezepte

2 ... Die 6 Eiweiß in der Schüssel des Standrührgeräts schlagen. Wenn das Eiweiß beginnt, schaumig zu werden, 1/3 des Zuckers zugeben und weiterschlagen, bis der Zucker sich auflöst. Dann noch einmal 1/3 des Zuckers hinzufügen und ca. 1 Minute weiterschlagen; den restlichen Zucker zugeben und die Mischung noch 1 Minute schlagen, bis das Eiweiß fest ist. Die Mandel-Puderzucker-Vanille-Mischung mit einem Teigschaber vorsichtig unter das steife Eiweiß heben. In einer separaten Schüssel das 1/2 Eiweiß steif schlagen. Zur Mischung hinzufügen und alles vorsichtig miteinander vermischen, bis der Eischnee etwas zusammenfällt und eine dickflüssige Masse entsteht.

3 ... Mit dem Spritzbeutel kleine Kreise mit einem Durchmesser von 3–4 cm auf ein mit Backpapier ausgelegtes Backblech spritzen. Das Backblech vorsichtig rütteln, damit sich die Kreise gleichmäßig ausbreiten. Den Backofen auf 150 °C vorheizen. Die Macarons 10 Minuten ruhen lassen, dann in den heißen Ofen schieben und ca. 14 Minuten backen.

4 ... Das Backblech aus dem Ofen nehmen. Das Papier etwas anheben und aus einem Glas Wasser zwischen Blech und Backpapier tröpfeln. Durch die Feuchtigkeit und das auf dem heißen Blech verdampfende Wasser lassen sich die Macaronschalen später leichter ablösen. Abkühlen lassen. Die Hälfte der Schalen vom Blech nehmen und umgekehrt auf einen Teller setzen.

Schokolade-
Macaronschalen

Für ca. 50 Macarons

Zubereitung: 50 Min.
Backen: 14 Min.

260 g fein gemahlene Mandeln

250 g Puderzucker
15 g Kakaopulver
65 g Schokolade mit 70 % Kakaoanteil
6 Eiweiß + 1/2 Eiweiß
210 g Zucker

Außerdem:
Standrührgerät
Spritzbeutel mit 10-mm-Lochtülle
Zuckerthermometer

1 ••• Die gemahlenen Mandeln, den Puderzucker und das Kakaopulver in einer Schüssel miteinander verrühren und anschließend sieben. Die Schokolade im Wasserbad (oder in der Mikrowelle) zum Schmelzen bringen; sie sollte lauwarm sein (ca. 35 °C).

GRUNDREZEPTE

2··· Die 6 Eiweiß in der Schüssel des Standrührgeräts schlagen. Wenn das Eiweiß beginnt, schaumig zu werden, 1/3 des Zuckers zugeben und weiterschlagen, bis der Zucker sich auflöst. Dann noch einmal 1/3 des Zuckers hinzufügen und ca. 1 Minute weiterschlagen; den restlichen Zucker zugeben und die Mischung noch 1 Minute schlagen, bis das Eiweiß fest ist. Zuerst die geschmolzene Schokolade, dann die Mandel-Puderzucker-Kakao-Mischung zugeben und vorsichtig mit einem Teigschaber unterheben. In einer separaten Schüssel das 1/2 Eiweiß steif schlagen und hinzufügen. Alles vorsichtig miteinander verrühren, bis der Eischnee etwas zusammenfällt und eine dickflüssige Masse entsteht.

3··· Mit dem Spritzbeutel kleine Kreise mit einem Durchmesser von 3–4 cm auf ein mit Backpapier ausgelegtes Backblech spritzen. Das Backblech vorsichtig rütteln, damit sich die Kreise gleichmäßig ausbreiten. Den Backofen auf 150 °C vorheizen. Die Macarons 10 Minuten ruhen lassen, dann in den heißen Ofen schieben und ca. 14 Minuten backen.

4··· Das Backblech aus dem Ofen nehmen. Das Papier etwas anheben und aus einem Glas Wasser zwischen Blech und Backpapier tröpfeln. Durch die Feuchtigkeit und das auf dem heißen Blech verdampfende Wasser lassen sich die Macaronschalen später leichter ablösen. Abkühlen lassen. Die Hälfte der Schalen vom Blech nehmen und umgekehrt auf einen Teller setzen.

Pistazien-Macaronschalen

Für ca. 50 Macarons

Zubereitung: 50 Min.
Backen: 14 Min.

190 g fein gemahlene Mandeln

250 g Puderzucker
85 g fein gemahlene Pistazien
6 Eiweiß + 1/2 Eiweiß
210 g Zucker

Außerdem:
Standrührgerät
Spritzbeutel mit 10-mm-Lochtülle

1 ••• Die gemahlenen Mandeln, den Puderzucker und die gemahlenen Pistazien in einer Schüssel miteinander vermischen und anschließend sieben.

GRUNDREZEPTE

2 ••• Die 6 Eiweiß in der Schüssel des Standrührgeräts schlagen. Wenn das Eiweiß beginnt, schaumig zu werden, 1/3 des Zuckers zugeben und weiterschlagen, bis der Zucker sich auflöst. Dann noch einmal 1/3 des Zuckers hinzufügen und ca. 1 Minute weiterschlagen; den restlichen Zucker zugeben und die Mischung noch 1 Minute schlagen, bis das Eiweiß fest ist. Die Mandel-Puderzucker-Pistazien-Mischung zugeben. In einer separaten Schüssel das 1/2 Eiweiß steif schlagen und zur Mischung hinzufügen. Alles vorsichtig miteinander verrühren, bis der Eischnee etwas zusammenfällt und eine dickflüssige Masse entsteht.

3 ••• Mit dem Spritzbeutel kleine Kreise mit einem Durchmesser von 3–4 cm auf ein mit Backpapier ausgelegtes Backblech spritzen. Das Backblech vorsichtig rütteln, damit sich die Kreise gleichmäßig ausbreiten. Den Backofen auf 150 °C vorheizen. Die Macarons 10 Minuten ruhen lassen, dann in den heißen Ofen schieben und ca. 14 Minuten backen.

4 ••• Das Backblech aus dem Ofen nehmen. Das Papier etwas anheben und aus einem Glas Wasser zwischen Blech und Backpapier tröpfeln. Durch die Feuchtigkeit und das auf dem heißen Blech verdampfende Wasser lassen sich die Macaronschalen später leichter ablösen. Abkühlen lassen. Die Hälfte der Schalen vom Blech nehmen und umgekehrt auf einen Teller setzen.

Verzeichnis aller Macarons

Ananas-Macaron	S. 87	Himbeer-Sternanis-Macaron	S. 256
Anis-Macaron	S. 142	Himbeer-Zitrone-Macaron	S. 65
Aprikosen-Ingwer-Macaron	S. 143	Honigmelonen-Macaron	S. 130
Bergamotte-Macaron	S. 96	Indische-Rose-Macaron	S. 65
Brasilien-pur-Macaron	S. 285	Java-Pfeffer-Macaron	S. 177
Bubble-Gum-Macaron	S. 58	Kaffee-Kardamom-Macaron	S. 179
Casablanca-Macaron	S. 179	Kaffee-Macaron	S. 42
Cassis-Veilchen-Herzmacaron	S. 254	Kaffee-Schokolade-Doppelmacaron	S. 257
Cassis-Veilchen-Macaron	S. 115	Karamell-Macaron mit gesalzener Butter	S. 42
Champagner-rosé-Macaron	S. 200	Karamell-Muscovado-Doppelmacaron	S. 230
Cognac-Macaron	S. 219	Kirsch-Macaron	S. 64
Darjeeling-Tee-Macaron	S. 177	Kirschblüten-Macaron	S. 64
Dominikanische-Republik-pur-Macaron	S. 285	Kokosnuss-Macaron	S. 43
Eisminze-Macaron	S. 136	Kolumbien-pur-Macaron	S. 284
Erdbeerbonbon-Macaron	S. 74	Kupfer-Macaron	S. 218
Erdbeer-Minze-Macaron	S. 124	Lakritz-Karamell-Herzmacaron	S. 254
Erdbeer-Mohn-Macaron	S. 143	Lakritz-Macaron	S. 43
Feige-Dattel-Macaron	S. 52	Lebkuchen-Macaron	S. 170
Feigen-Macaron	S. 114	Limetten-Basilikum-Herzmacaron	S. 254
Ghana-pur-Macaron	S. 284	Limetten-Basilikum-Macaron	S. 142
Gold-Macaron	S. 206	Madagaskar-pur-Macaron	S. 284
Grenadine-Macaron	S. 143	Maiglöckchen-Macaron	S. 114
Grüner-Apfel-Macaron	S. 68	Mandel-Macaron	S. 42
Guaven-Macaron	S. 248	Mandel-Macaronschalen	S. 290
Haselnuss-Spezial-Macaron	S. 86	Mandel-Spezial-Macaron	S. 86
Havanna-Macaron	S. 146	Mango-Jasmin-Macaron	S. 115
Himbeer-Macaron	S. 43	Marie-Antoinette-Tee-Macaron	S. 164

Maronen-Birnen-Macaron	S. 218	Schokolade-Kokosnuss-Spezial-Macaron	S. 87
Maronen-Macaron	S. 158	Schokolade-Limette-Macaron	S. 286
Milchschokolade-Macaron	S. 176	Schokolade-Macaronschalen	S. 294
Mimosen-Macaron	S. 108	Schokolade-Maracuja-Macaron	S. 266
Minze-Anis-Macaron	S. 142	Schokolade-Minze-Macaron	S. 287
Nugat-Macaron	S. 176	Schokolade-rote-Früchte-Macaron	S. 286
Nugat-Sesam-Macaron	S. 178	Schokolade-Yuzu-Macaron	S. 272
Orange-Ingwer-Macaron	S. 177	Schokoladen-Macaron	S. 12
Orangenblüten-Macaron	S. 102	Schwarzwälder-Kirsch-Macaron	S. 287
Passionsfrucht-Kokos-Macaron	S. 218	Silber-Macaron	S. 212
Pfirsich-Macaron	S. 257	Slawischer Macaron	S. 219
Pistazien-Macaron	S. 36	Sonnen-Macaron	S. 194
Pistazien-Macaronschalen	S. 296	Tausendundeine-Nacht-Macaron	S. 182
Rosa-Grapefruit-Vanille-Macaron	S. 242	Trauben-Zimt-Macaron	S. 178
Rosa-Pfeffer-Macaron	S. 152	Vanille-Macaron	S. 30
Rose-Anis-Macaron	S. 255	Vanille-Macaronschalen	S. 292
Rose-Grapefruit-Macaron	S. 90	Veilchen-Macaron	S. 114
Rose-Himbeer-Doppelmacaron	S. 257	Veilchen-Spezial-Macaron	S. 86
Rose-Himbeer-Herzmacaron	S. 222	Venezuela-pur-Macaron	S. 285
Rose-Ingwer-Macaron	S. 64	Waldfrüchte-Jasmin-Macaron	S. 236
Rosenblüten-Macaron	S. 24	Weihnachtsaromen-Macaron	S. 188
Rote-Früchte-Macaron	S. 46	Wodka-Macaron	S. 219
Rouge-Diva-Macaron	S. 256	Yunnan-Tee-Macaron	S. 176
Rouge-Madame-Macaron	S. 255	Yuzu-Ingwer-Macaron	S. 178
Rum-Vanille-Macaron	S. 179	Zedrat-Zitronen-Macaron	S. 115
Sahne-Ingwer-Macaron	S. 65	Zitrone-Limette-Spezial-Macaron	S. 80
Sauerkirsch-Amaretto-Macaron	S. 255	Zitrone-Thymian-Macaron	S. 118
Schokolade-Bananen-Macaron	S. 260	Zitronen-Macaron	S. 18
Schokolade-Himbeer-Macaron	S. 278	Zuckerwatte-Macaron	S. 256
Schokolade-Kaffee-Macaron	S. 286		
Schokolade-Kalamansi-Macaron	S. 287		

Adressenverzeichnis

Die dekorativen Kulissen und Ausstattungen in diesem Buch verdanken wir der tatkräftigen Unterstützung der im Nachfolgenden genannten Firmen und Hersteller.

TISCHKULTUR

Christofle
9, rue Royale, 75008 Paris
www.christofle.com

Bernardaud
11, rue Royale, 75008 Paris
www.bernardaud.fr

Cristal Saint-Louis
13, rue Royale, 75008 Paris
www.saint-louis.com

Astier de Villatte
173, rue Saint-Honoré, 75001 Paris
www.astierdevillatte.com

Faïencerie de Gien
18, rue de l'Arcade,
75008 Paris
www.gien.com

Sabre (Besteck, Geschirr, Gläser)
77, rue de la Boétie, 75008 Paris
www.sabre.fr

Ambiance et Styles
www.ambianceetstyles.com

ANTIQUITÄTENHÄNDLER

Au Bain Marie (Geschirr, Tafelsilber, Karaffen)
Aude Clément
56, rue de l'Université, 75007 Paris
www.aubainmarie.fr

Luce Montet
22, rue de Beaune, 75007 Paris
Tel.: +33 (0)1 46 47 74 29

Antiquités Thuillier
www.antiquites-thuillier.com

FLOHMARKT SAINT-OUEN

Eva Cwajg (antikes Geschirr und Besteck)
Marché Vernaison, Straße 1, Stand 11
Marché Serpette, Straße 4, Stand 12
99–110, rue des Rosiers, 93400 Saint-Ouen
www.eva-antiquites.com

Janine Giovannoni (antike Tischwäsche)
Marché Vernaison, Straße 3 und 7, Stand 141
99–110, rue des Rosiers, 93400 Saint-Ouen
Tel.: +33 (0)1 40 12 39 13 - 06 07 42 14 51

Laure de Villoutreys
(antike Stoffe und Raritäten)
Marché Vernaison, Straße 6, Stand 102
– Straße 5, Stand 92
99–110, rue des Rosiers, 93400 Saint-Ouen
Tel.: +33 (0)6 63 16 03 17
Laure Saïmovitch (Tafelsilber)
Marché Biron, Stand 29
85, rue des Rosiers, 93400 Saint-Ouen
Tel.: +33 (0)1 40 10 23 00
Glustin (Antiquitäten und Kunstwerke)
Karine und Virginie Glustin
140, rue des Rosiers, 93400 Saint-Ouen
Tel.: +33 (0)1 40 10 24 22
www.glustin.net
Bachelier Antiquités (antiquarische
Küchenutensilien und -möbel)
François Bachelier
Marché Paul-Bert, Straße 1, Stand 17
18, rue Paul-Bert, 93400 Saint-Ouen
Tel.: +33 (0)1 40 11 89 98
www.bachelier-antiquites.com

Haushaltswäsche
Fragonard
203, rue Saint-Honoré, 75001 Paris
196, bd Saint-Germain, 75007 Paris
www.fragonard.com

Château de Vaux (alte Serviettenmotive
in farbiger Neuauflage)
Créations Isabelle Jeanson
www.chateau-de-vaux.fr
Porthault (edle Haushaltswäsche)
5, rue du Boccador, 75008 Paris
www.dporthault.fr
Blanc d'Ivoire
104, rue du Bac, 75007 Paris
www.blancdivoire.com
Le Grand Cerf (Kissen und
Raritäten aus alten Stoffen)
29, rue Sainte-Croix,
61400 Mortagne-au-Perche
www.legrandcerf.com
Sylvie Thiriez
26, rue du Bac, 75007 Paris
www.sylviethiriezcreations.com
Turpault (Bett- und Tischwäsche)
www.alexandre-turpault.com

Dekoration
Point à la Ligne (Kerzen und Deko-Artikel)
www.pointaligne.fr
Elgin-Vicomte de Castellane
(Möbel, Tischkunst, Dekoration)
Tel.: +33 (0)1 41 70 36 80
www.elgindeco.fr

Mise en demeure
(Möbel, Leuchten, Tischdeko und -kunst)
27, rue du Cherche-Midi, 75006 Paris
Tel.: +33 (0)1 45 48 83 79
www.misendemeure.com

Sarah Lavoine
9, rue Saint-Roche, 75001 Paris
28, rue du Bac, 75007 Paris
www.sarahlavoine.com

Henriette Jansen (Keramik)
33, rue de Trévise, 75009 Paris
www.henriettejansen.com

Les Jardins de la comtesse
(Picknickkörbe)
www.lesjardinsdelacomtesse.com

Le Grand Comptoir (Tischkunst,
Haushaltswäsche, Möbel, Deko-Artikel)
4, rue Pages, 92150 Suresnes
Tel.: +33 (0)1 42 04 11 00
www.legrandcomptoir.com

Lacroix – art de la table
Sacha Walckhoff für
Christian Lacroix in
Kooperation mit Vista Alegre
www.christian-lacroix.com

Lacroix – papeterie
Christian-Lacroix-Papier von Libretto
www.christian-lacroix.com

La Maison d'Alep
20, rue Ernestine, 75018 Paris
Tel.: +33 (0)1 42 00 40 28
www.lamaisondalep.com

Love it (Notizbücher, Deko-Artikel)
101, bd Jean-Jaurès, 92100 Boulogne-Billancourt
Tel.: +33 (0)1 46 03 32 59

Hersteller von Tapeten- und Dekorationsstoffen

Osborne & Little
7, rue de Furstemberg, 75006 Paris
Tel.: +33 (0)1 56 81 02 66
www.osborneandlittle.com

Little Greene
21, rue Bonaparte, 75006 Paris
www.littlegreene.fr

Pierre Frey (Stoffe von Fadini Borghi,
Stoffkollektionen Pierre Frey)
27, rue du Mail, 75002 Paris
Tel.: +33 (0)1 44 77 35 22
www.pierrefrey.com

Möbel

Moissonnier (französische Kunsttischlerei)
52, rue de l'Université, 75007 Paris
Tel.: +33 (0)1 42 61 84 89
www.moissonnier.com

Danksagung

Der Originalverlag dankt insbesondere den folgenden Firmen, Herstellern und Privatpersonen, die ihre Türen für uns geöffnet und die Aufnahmen in diesem Buch ermöglicht haben:

Moissonnier (S. 21, 76–77, 111, 121, 155, 203, 269, 233); www.moissonnier.com

Glustin (S. 26–27, 39, 215, 263, 274–275) www.glustin.net

Château de la Petite Malmaison (S. 104–105, 187, 190–191, 208–209, 225, 245) www.petitemalmaison.fr

Mise en demeure (S. 55, 83, 197, 251) www.misendemeure.com

Hôtel Notre-Dame Saint-Michel (S. 48–49) www.hotelnotredameparis.com

Château de Villiers-le-Bâcle (S. 70–71, 95, 99, 133); www.chateaudevillierslebacle.fr

Abbaye des Vaux de Cernay (S. 33, 126–127, 139, 166–167, 281); www.abbayedecernay.com

Bachelier Antiquités (S. 173) www.bachelier-antiquites.com

Lanvin (S. 61); 22, rue du Faubourg-Saint-Honoré, 75001 Paris. www.lanvin.com

Ladurée bedankt sich ganz herzlich bei allen Mitarbeitern, insbesondere bei: Vincent Lemains für seine Rezepte und Kreationen, Jonathan Lathus, erster Assistent im Bereich Macaronherstellung, für die Produktion der Macaronschalen, Réda Rezaiguia, erster Assistent im Bereich Recherche und Entwicklung, für die Herstellung der Macaronfüllungen, Franck Lenoir, Bertrand Bernier und Xavier Delabarre, Leiter der Macaronslaboratorien, für die tägliche Herstellung unserer Macarons und Safia Thomass-Bendali, Aude Schlosser und Anne Loizeau-Gitlis für ihren Einsatz im Marketing- und Kommunikationsbereich.

Besonderer Dank geht auch an Christian Lacroix, Agnès Costa für Fragonard, Chantal Thomass, John Galliano, Emmanuel und Christophe für Odorantes, Yaz und Emel für Yazbukey, Tsumori Chisato, Alber Elbaz für Lanvin, Olivier Cresp für *La tentation de Nina* und Christian Louboutin für die Inspiration.

Die Originalausgabe erschien 2014 bei Éditions du Chêne – Hachette Livre,
www.editionsduchene.com unter dem Titel
Maison fondée en 1868; LADURÉE; Fabricant de douceurs; Paris; Macarons
Text: Vincent Lemains
Fotos: Antonin Bonnet
Foodstyling: Pascale de la Cochetière
© Hachette Livre, Éditions du Chêne, 2014

© 2015 der deutschen Ausgabe
Verlag Georg D.W. Callwey GmbH & Co. KG
Streitfeldstraße 35
D-81673 München
callwey.de
buch@callwey.de

Die Deutsche Nationalbibliothek verzeichnet diese Publikation in der Deutschen Nationalbibliografie; detaillierte bibliografische Daten sind im Internet über http://dnb.d-nb.de abrufbar.

ISBN 978-3-7667-2171-6

Für die deutsche Ausgabe:
Übersetzung aus dem Englischen: Kristin Lohmann, München
Lektorat und Satz: Anne Wahler, bookwise GmbH, München

Hinweis: Alle Temperaturangaben zum Backen in den Rezepten beziehen sich auf Öfen mit Ober- und Unterhitze. Die Angaben zur Temperatur und Backzeit können – je nach Ofen – variieren.

| Schwarzwälder Kirsch 2011 | Zitrone-Thymian 2011 | Himbeer-Sternanis für die Hochzeit von Prinz Albert von Monaco 2011 | Traube-Zimt 2011 | Maronen-Birne 2011 | Rouge Madame für Madame Figaro 2011 | Kolumbien pur 2011 | Mandel-Spezial 2012 | Veilchen-Spezial 2012 | Haselnuss-Spezial 2012 | Erbeerbonbon-Spezial 2012 | Zitrone-Limette-Spezial 2012 | Ghana pur 2012 |

| Rosa-Grapefruit-Vanille 2012 | Schokolade-Banane 2012 | Dominikanische Republik pur 2012 | Orange-Ingwer 2012 | Kirschblüte für Tsumori Chisato 2012 | Casablanca 2012 | Schokolade-Kalamansi 2012 | Bubble Gum für Alber Elbaz, Lanvin 2012 | Weihnachts-aromen 2012 | Marie-Antoinette-Tee 2013 | Brasilien pur 2013 | Sahne-Ingwer für Will Cotton 2013 | Schokolade-Yuzu 2013 |

| Cognac 2013 | Schokolade-Kokosnuss-Spezial 2013 | Yuzu-Ingwer 2013 | Passionsfrucht-Kokos 2013 | Venezuela pur 2013 | Rosa Pfeffer 2013 | Waldfrüchte-Jasmin 2014 | Pfirsich 2014 | Nugat-Sesam 2014 | Schokolade-Kaffee 2014 | Himbeer-Zitrone für Nina Ricci 2014 | Ananas 2014 | Rum-Vanille 2014 |

Die 130 Macarons von
LADURÉE
Paris

Mandel	Nugat	Kaffee	Schokolade	Orange	Pistazie	Zitrone	Kokosnuss	Bitterschokolade	Rosenblüte	Himbeere	Vanille	Karamell mit gesalzener Butter
					1994	1994	1995	1997	1997	1998	1998	1999